“十四五”普通高等教育部委级规划教材
交叉学科设计学专业创新教材｜ 李少博 高颂华 韩海燕 主编

数字营销与品牌设计

SHUZI YINGXIAO YU PINPAI SHEJI

张馨友 薛佳佳 薛超珊 张馨元 编著

中国纺织出版社有限公司

内 容 提 要

本书研究数字营销与品牌设计的理论、规则和实践应用。作者根据多年讲授数字营销课程的教学积累和从事品牌设计与策划的实践经验，结合国内外众多成功品牌的案例，按照品牌实际运作规划流程，对品牌理论体系予以全新梳理和解析，并与数字营销相结合，将实践作为研究的起点与终点，以形而上的理论为指导，以形而下的实际运用为目的，形成学以致用的导向，使读者能够将数字营销灵活地运用于品牌设计策划与管理的实践活动中。

图书在版编目（CIP）数据

数字营销与品牌设计 / 张馨友等编著. -- 北京：中国纺织出版社有限公司，2025. 4

"十四五"普通高等教育部委级规划教材 交叉学科设计学专业创新教材 / 李少博，高颂华，韩海燕主编

ISBN 978-7-5229-1800-6

Ⅰ. ①数… Ⅱ. ①张… Ⅲ. ①网络营销－高等学校－教材②品牌－产品形象－设计－高等学校－教材 Ⅳ. ①F713.365.2②J524.4

中国国家版本馆 CIP 数据核字（2024）第 107861 号

责任编辑：华长印 王思凡　　责任校对：寇晨晨

责任印制：王艳丽

中国纺织出版社有限公司出版发行

地址：北京市朝阳区百子湾东里 A407 号楼　邮政编码：100124

销售电话：010—67004422　传真：010—87155801

http://www.c-textilep.com

中国纺织出版社天猫旗舰店

官方微博 http://weibo.com/2119887771

天津千鹤文化传播有限公司印刷　各地新华书店经销

2025 年 4 月第 1 版第 1 次印刷

开本：787 × 1092　1/16　印张：10.5

字数：170 千字　定价：69.80 元

交叉学科设计学专业创新教材
编委会名单

总序

设计是突破式创新的重要推动力，也是催生新产业、新经济的重要因素。随着新时代到来，设计正在经历从“创造风格”到“驱动创新”的范式转型，之前设计范畴的造型、形式和风格导向，已经拓展到了服务、体验、交互、战略和智能化的设计驱动。

面对新的变革趋势，设计需要探索与其他学科合作的新方式，为迎接不断出现的新挑战，设计教育教学内容需要不断超越既定学科的知识模型，融合多学科知识来分析、解决复杂的社会问题，在具体的设计实践中作出及时的调整与重塑。

内蒙古师范大学设计学院主动面对设计学发展趋势，立足区域特质，持续致力于设计教学课程改革。在国家级一流本科专业建设过程中，整合教师教学经验与在地设计项目的各种教学资源，开展交叉学科设计学专业创新教材编写的系统工程。学院教师团队立足于新时代设计学科体系，以促进学生应用多学科知识和方法解决设计问题的能力提升为目标，倡导将各类学科的思维方法、知识和技能相结合，不断迭代教学思路与系统化设计教学知识体系。

本系列教材适合设计专业学生作为教材使用，也可作为设计专业学生自学的工具书和创新设计指导书。教材涵盖高等院校设计专业的专业基础课、专业核心课、专业拓展课等多种课程类型，形成学科交叉融合型专业课程体系。教材内容包括课题组成员在设计与心理学、媒介技术、信息传播等多个领域交叉创新的教学研究成果。强调跨学科问题的深度思考，强化多学科知识之间的链接，以及在生产生活中的综合应用，注重培养学生立足设计服务区域社会经济、文化发展，主动认识、自主反思、独立判断、合理决策的设计能力。

本系列教材在编辑出版过程中，得到了中国纺织出版社有限公司的大力支持和帮助，在此表示感谢。鉴于本系列教材系教学一线教师在教学过程中所积累的经验与总结，书中或有疏漏与不当之处，敬请专家、同行及广大读者批评指正。

李少博

2024年1月

前言

数字营销与品牌设计的深度融合，是这个时代发展的必然趋势。在这个日新月异的数字时代，营销与品牌设计的边界被前所未有的技术浪潮重新勾勒，传统营销正经历着深刻而广泛的变革。《数字营销与品牌设计》这部教材旨在为新时代的营销人、设计师及广大行业爱好者提供一座连接过去与未来的桥梁，探索在数字化浪潮中品牌成长的无限可能。本书内容覆盖数字营销理论前沿、实战技巧、数据分析、品牌设计原理、案例研究等多个方面，既有深入浅出的理论阐述，也有详实可操的实战指南。我们希望通过系统而全面的内容架构，帮助读者构建起完整的知识体系，为未来的职业生涯打下坚实的基础。

随着互联网、大数据、人工智能等技术的飞速发展，消费者行为模式、信息获取方式及市场竞争格局发生了翻天覆地的变化。数字营销不再局限于线上广告与社交媒体推广，而是渗透到了产品从研发到售后的每一个环节，成为驱动企业增长的核心引擎。本书开篇即深入剖析这一变革，揭示数字营销如何重塑市场规则，引导读者把握时代脉搏。在数字时代，品牌不再仅仅是标志、色彩与字体的简单组合，而是成为了一种生活方式、价值理念的传递者。品牌设计需要融入更多元的文化元素、情感共鸣与个性化表达，以适应消费者日益复杂多变的需求。本书从多个维度探讨品牌设计的新视角，鼓励设计师跳出传统框架，以更广阔的视野重塑品牌形象。本书通过丰富的案例分析与实战策略，展示了两者如何在策略规划、创意执行、效果评估等各个环节相互渗透、相互促进，共同推动品牌价值的最大化。我们相信，只有深刻理解并把握这一融合之道，才能在激烈的市场竞争中脱颖而出。

我们深知，在快速变化的数字时代，唯有不断创新并勇于实践，才能保持竞争力。因此，本书在强调理论深度与广度的同时，更加注重培养读者的实践能力与创新精神。通过案例梳理和解析等多种方式，帮助读者将所学知识转化为解决实际问题的能力。最后，我们衷心希望每一位阅读此书的未来设计师，都能成为数字时代的弄潮儿，以敏锐的洞察力、卓越的创新能力、扎实的专业技能，为品牌注入新的活力，为消费者创造更加美好的体验。在这个充满挑战与机遇的时代，愿你们勇敢前行，不断突破自我，共同书写数字营销与品牌设计的辉煌篇章。

张馨友

2024年8月

课时分配表（40 课时，8 周）

章节	周数	课程名称	课程知识点	课时
第一章 市场研究与消费者洞察	第1周	课程一：市场研究基础	➢ 市场调研的内容与方法	2课时
		课程二：消费者洞察	➢ 消费者洞察 ➢ 影响消费行为的个人特征 ➢ 消费行为分析	3课时
第二章 市场分析与策略	第2周	课程一：市场分析	➢ 营销环境分析 ➢ 产品分析 ➢ 消费者分析 ➢ 行业及竞争分析	4课时
		课程二：市场分析策略	➢ SWOT 分析工具	2课时
第三章 数字营销新模式	第3周	课程一：数字营销新模式	➢ 内容营销新模式 ➢ 社会化媒体营销 ➢ 微电影营销 ➢ 短视频、直播营销模式 ➢ 搜索引擎营销 ➢ KOL 营销模式	6课时
第四章 数字时代的品牌与定位	第4周	课程一：数字时代的品牌	➢ 品牌概念的形成 ➢ 品牌价值	2课时
	第5周	课程二：数字时代的品牌定位	➢ 品牌定位 ➢ 品牌定位决策 ➢ 品牌定位策略	3课时
第五章 品牌视觉识别设计	第6周	课程一：产品与品牌	➢ 产品与品牌	3课时
		课程二：品牌视觉识别设计	➢ 品牌命名策略与设计 ➢ 品牌标语策略与设计 ➢ 品牌视觉识别设计 ➢ 产品包装设计	6课时
第六章 品牌触点设计	第7周	课程一：品牌触点概述	➢ 品牌触点概述	4课时
	第8周	课程二：品牌触点设计	➢ 品牌详情页触点设计 ➢ 商业空间触点设计 ➢ 促销活动触点设计 ➢ 广告传播触点设计	5课时

目录

第一章 市场研究与消费者洞察

教学目标

本章主要介绍市场调研基本方法，分析洞察消费者及消费行为。通过本章的学习，学生能够掌握市场调研的内容与方法，了解影响消费行为的个人特征，运用科学合理的方法对消费者的消费行为进行分析。

教学重点

1.掌握宏观与微观市场环境分析。

2.掌握市场调研方法。

3.了解研究消费者的消费心理、消费行为、消费需求、消费动机、消费决策过程的媒介使用及信息获取渠道等。

4.掌握不同类型的消费者行为分析。

推荐阅读

[1]菲利普·科特勒，凯文·莱恩·凯勒，卢泰宏. 营销管理（第13版. 中国版）[M]. 卢泰宏，高辉，译. 北京：中国人民大学出版社，2009.

[2]甘碧群. 宏观市场营销研究[M]. 武汉：武汉大学出版社，1994.

[3]符国群. 消费者行为学[M]. 北京：高等教育出版社，2001.

教学训练

学生结合案例对某品牌进行市场调研及相关消费者洞察，对学生的学习情况进行评估。小组讨论重要的宏观环境因素有哪些，消费行为主要取决于哪些因素。同时，可以邀请行业专家进行讲座或评审实践作业，进一步提高学生设计水平和综合素质。

案例 艾瑞咨询集团

艾瑞咨询集团是一家专注于网络媒体、电子商务、网络游戏、无线增值等新经济领域，深入研究和了解消费者行为，并为网络行业及传统行业客户提供市场调查研究和战略咨询服务的专业市场调研机构。艾瑞咨询集团秉承专业、严谨、客观的工作作风，目标是发展成为网络经济时代中国最优秀的专业市场调研公司。

一、提供客户解决方案

艾瑞咨询集团（iResearch）迄今已经服务超过2000家客户，涵盖互联网、电信无线、广告公司、投资公司、政府以及各类传统企业，如汽车行业、IT家电、金融、消费品等，积累大量的不同行业客户研究服务经验，并根据各行业客户需求及特点提供更具针对性的研究咨询解决方案。

二、网络监测数据产品

作为国内最早进行网民行为研究和网络广告监测的市场研究机构，艾瑞咨询集团通过自主开发，建立并拥有各类数据库，通过多种指标研究帮助行业建立评估和衡量的标准。其中网民行为研究涵盖家庭办公用户、网吧用户以及无线手机网民用户等各种应用平台；广告投放监测涵盖网络品牌广告、无线品牌广告、搜索关键词广告等多种媒体类型和多种广告形式；此外，基于市场需求，艾瑞咨询集团建立了针对网络媒体和无线媒体的流量审计、网络广告和无线广告投放效果认证，推动行业健康持续发展。

三、网络评估数据工具

为帮助各个行业客户更加深入有效地使用各种数据应用服务，更好地利用数据解决企业在营销、运营、产品、竞争环境等诸多层面的决策支持，艾瑞咨询集团在深度挖掘客户需求和大量网络监测数据产品的基础上，还提供各种网络评估数据工具和分析报告，不仅包括媒介方案评估工具、营销活动评估工具、品牌效果评估工具等针对网络营销行业的数据应用服务，还包括针对行业用户细分和忠诚度的分析工具，以及针对电子商务、网络游戏等领域研究的分析工具。

四、专项定制研究服务

专项定制研究业务是艾瑞咨询集团的核心业务之一，研究领域涵盖新经济市场相关的宏观环境与行业研究、用户与产品研究、品牌与营销研究、投资与咨询研究，并积累多个成熟的研究模型，包括媒体价值研究、广告效果研究、用户体验研究、市场细分研究、广告创意研究等。艾瑞定制研究团队通过多年积累，以数据为准绳、以行业为标尺、以客户为目标，实现客户价值的最大化和公司价值的最大化。

五、行业观察深度研究

艾瑞咨询集团研究院于2009年初成立，拥有多名互联网行业资深分析师和研究人员，每年发布中国网络经济、电信增值等新经济领域数十个行业研究报告，其观点和数据报告被广泛应用于各大主流媒体和上市公司财报，为推动中国新经济行业的发展起到重要作用。旗下推出的艾瑞智慧运用多方数据追踪和研究积累，对包括金融行业、投资行业等在内的各大企业进行更加深入的连续观察，为客户提供有针对性的行业发展趋势分析（图1–1）。

图1–1 艾瑞（上海）年度高峰会议（图片来源：艾瑞网官网）

一、市场调研的内容与方法

市场调研（marketing research）是运用科学的方法，有目的、有计划地收集、整理、分析有关供求、资源的各种情报、信息和资料。它是把握供求现状和发展趋势，为制定营销策略和企业决策提供正确依据的信息管理活动。通过了解分析提供市场信息，可以避免企业在制定营销策略时发生错误，或者可以帮助营销决策者了解当前营销策略以及营销活动的得失。只有实际了解市场情况，才能有针对性地制定市场营销策略和企业经营发展策略。

（一）宏观环境调研

宏观环境是指对企业生产经营有巨大影响的环境因素，包括政治、法律、经济、社会、文化、技术、人文、自然等多方面因素。

1. 政治和法律环境

主要调研国家的政治主张、政治形势及变化情况；掌握国家在产业发展、财政、金融、税收、外贸等方面最新颁布的政策、方针、规划等纲领性文件；了解国家法律、法规、条例的变化情况等。

2. 经济环境

主要调研国家或地区的国内生产总值（GDP）、产业发展状况、经济增长率、通货膨胀率、就业率、税率、利率、汇率，以及社会的收入分配、购买力水平、储蓄、债务、信贷等，以掌握国家在一定时期内的经济政策、体制及形势。

3. 社会和文化环境

主要调研整个社会的核心价值观念、风俗习惯、宗教信仰、伦理道德；了解人们的价值观、生活方式、文化素养；掌握某消费群体的构成及其购买动机、购买行为、购买心理等。

4. 技术环境

主要调研企业所涉及的技术领域的发展情况、产品技术质量检验指标和技术标准等；了解新技术、新材料、新工艺、新产品的研发及问世情况；关注国家科研技术发展的方针政策及规划等。

5. 人文环境

市场由人口构成，因此需要对人口的增长情况、年龄结构（如美国的婴儿潮、中国的“90后”与“00后”）、民族市场（如美国的亚裔、西班牙裔、拉丁裔等）、家庭类型（传统或非传统）、受教育程度、人口地理迁移等方面进行调研。

6. 自然环境

主要调研企业所处的地理位置、气候、资源、生态等自然情况，以及资源短缺、能源成本增加和污染程度增加等生态状况。

一切组织、团体或企业均处于上述环境，也不可避免地受其影响及制约。因此，市场营销策划者应通过分析宏观环境的现状及发展趋势，预测其对企业营销活动可能产生的影响，抓住机会、避开威胁。

（二）微观环境调研

1. 市场供求现状调研

市场是企业生存和发展的出发点及归宿，因此，企业要对市场的供求现状进行调研，掌握市场及企业产品的需求总量、消费者的需求状况以及整个市场的供应量、供应能力等方面的情况，使企业能更有效地满足市场需求。

2. 市场需求调研

对市场的需求状况进行调研主要包括以下三方面：第一，了解市场需求总量，包括现实需求量和市场潜量，并重点分析市场潜量，即营销努力水平达到无穷大时的市场需求量，明确各细分市场和目标市场的需求量、销售量及市场饱和点；第二，研究市场领导者、竞争对手以及本企业的市场占有率、市场地位及变化情况，明确本企业的发展目标及方向；第三，掌握消费者的需求结构及消费行为，明确消费者对同类商品不同规格、不同款式等的需求状况，了解消费者的购买心理、购买动机、购买模式及购买习惯等，分析影响购买决策的主要因素。

3. 市场供给调研

对市场的供给状况进行调研主要包括以下三方面：第一，调研商品的供应源，了解市场上同类商品的供应企业的数量、分布、规模、供应能力及提供商品的质量等方面情况，并与企业目前的供应情况相对比；第二，分析商品供应结构，即市场同种商品不同规格的供应比例，调查企业当前目标顾客的需求结构是否能够被有效满足；第三，评价企业目前供货商的供应能力和与企业合作的态度、诚意及可靠性，明确判断企业所需的资源是否具有长期、稳定的供应保障。

4. 营销组合调研

营销的核心为产品（product）、价格（price）、渠道（place）、促销（promotion），即4P，因此进行营销调研应从营销组合入手，掌握产品、价格水平、销售渠道、营销及促销的情况，以便更好地了解产品的优势及劣势。

（1）产品研究。即掌握产品的设计、功能、特点、用途、实用性、方便性、安全性等属性，以及产品的外观、包装、商标及产品线、产品组合、品牌等的设计与决策；认清产品的服务水平及目标受众的满意程度；了解产品所处的生命周期阶段、销售利润率及贡献率。

（2）价格研究。即了解价格的供给和需求弹性以及国家价格政策，明确企业的定价方法、定价策略及竞争者和替代品的价格水平，掌握新产品在生命周期不同阶段的定价原则；研究市场对价格提高或降低的反应程度。

（3）渠道研究。进行渠道研究主要考虑以下三方面：第一，明确企业现有的分销网络覆盖范围及建设情况，研究并分析物流成本和渠道竞争状况，掌握各渠道环节的价格折扣及促销情况；第二，了解经销商的规模、销售量、分销能力和手段、口碑等，试图获得其对本企业产品、品牌、营销方式的反馈意见，充分掌握竞争者和经销商的信息；第三，研究零售终端店铺的特点，明确企业各品牌的销售业绩以及消费者的态度和认知程度。

（4）促销研究。进行促销研究主要考虑以下四方面：第一，开展营销效果调查，即研究何种形式的营销最受欢迎，何种媒体的传播效果最好，何时做营销的效果最佳，同时研究竞争者的营销策略；第二，研究推销人员的素质、能力、技巧、业绩情况，分析企业人员推销的效果及适合的策略；第三，总结促销的力度、策略、效果及成功或失败的经验；第四，掌握企业公共关系活动的内容、宣传措施和策略对产品销售量及企业形象的影响程度，并衡量公共关系的效果。

（三）市场调研的方法

1. 问卷法

问卷法是指调研人员根据所需信息进行问卷设计，并由被调研者作答，最终收集市场有关信息的一种方法，也是收集一手资料最常用的方法之一。

2. 访问法

访问法，又称询问法，是指调查人员以访问为主要手段，从被调查者的回答中获取信息资料，是一种常用的实地调研方法。

3. 访谈法

访谈法，是指调查人员面对面地向被调查者询问有关问题，以获取相关信息资料的一种方法。它包括个人访谈、小组访谈等多种形式，其中个人访谈包括入户访问、拦截访问及决策者访谈等；小组访谈包括焦点小组访谈、深层访谈、德尔菲法访谈及头脑风暴法访谈等。

4. 观察法

观察法，是指调研人员凭借自身观察或借助相关仪器，在调研现场对被调查者有关情况进行直接观察和记录，以获取信息资料的一种方法。

5. 实验法

实验法是最科学的调研方法之一，指实验者首先从影响调查对象的诸多因素中选择一个或多个因素作为实验因素；其次，保持其他因素不变，研究当实验因素发生变化时对调查对象的影响程度；最后，对实验结果进行总结、分析和判断。此方法尤其适用于研究变量之间的因果关系，是一种特殊的观察法。

二、消费者洞察

研究消费者的消费心理、消费行为、消费需求、消费动机、消费决策过程、媒介使用及信息获取渠道等是营销服务必不可少的内容。

营销作为商品与消费者沟通的工具，一方面，要培养消费者对商品的认知与认同，同时要让消费者知晓各种创新的产品和设计能够给消费者的生活带来哪些便利，起到引导消费的作用；另一方面，在商品极其丰富的时代，通过洞察消费者内心深处的欲望，帮助生产者理解开发什么样的商品能够满足消费者的需求。可见，消费者是营销的沟通对象，是所有商品开发的使用对象。研究消费者的生活态度、社会价值观、消费习惯，洞察消费者的内心需求、接触各类媒介的习惯和使用媒介的情况等，是营销科学化的基础。

消费者调查的内容非常广泛，多数调查是根据项目的具体需求界定消费者调查的核心指标，每一项调查都需要有具体的主题和目标。消费者调查一般分为两类：一类是调查公司长期跟踪的指标体系，属于常规性调查。调查公司根据自己设计的指标体系定期做常规性调查，其结果服务于整个营销体系，如典型的收视率调查。另一类是根据营销项目研究的需求而开展的专项调查。不同类型的消费者调查关注的核心指标不同，消费者调查的内容非常广泛，概括起来包括以下几个方面。

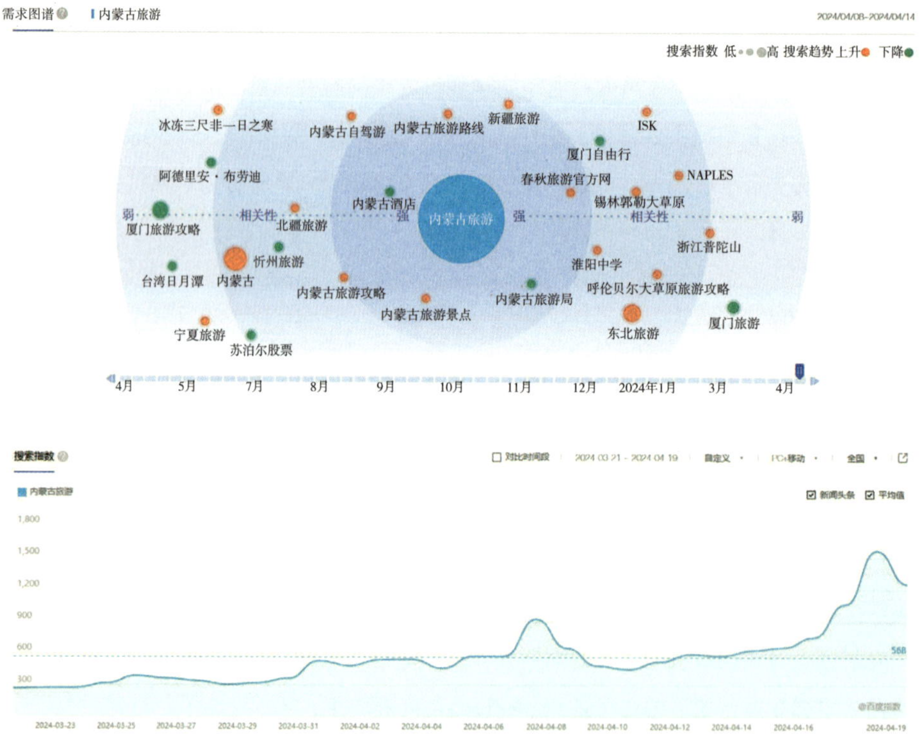

图1-2 内蒙古旅游指数数据图

（一）消费者特征调查

1. 消费者自身状况

通常从界定消费者和描述消费者的人口特征两个层面展开。

2. 界定消费者调查

通过科学的指标，界定哪些人是特定品类的消费者，哪些人是所服务品牌的消费者，哪些人是竞争对手的消费者。在这个界定中，既根据消费者已有的消费来识别，也会设计一定的指标来判断哪些人可能是游离于各个品牌之间的品类消费者。通常在问卷调查中，以一定的指标来界定，常用的指标如过去一定时间段内是否使用过某些产品或者服务，使用过哪些品牌，关注过哪些品牌，使用后的感受和评价等。

3. 消费者人口特征调查

通常用人口学指标来描述消费者的特征，常用的指标包括消费者的性别、年龄、教育程度、职业、经济条件、住房状况、民族、家庭规模与结构等。在不同品类的研究中，消费者人口特征的描述具有不同的价值，多数时候，人口特征的描述是为了定义核心消费群。

（二）消费心理洞察

在价值观多元化和消费个性化的时代，具有相同人口特征的群体在消费上会表现出非常大的不同，仅从人口特征上描述消费者已经远远不够。消费者洞察是消费者研究的重要手段，通过消费者洞察可以深刻理解消费者的真实需求和偏好。消费者洞察的核心是弄清楚消费者的行为原理及其背后的心态，寻找和发现能够唤起购买欲望，并产生购买行为的心灵契机，为营销找到沟通的切入点。

传统的消费者洞察通常以观察法、焦点小组访谈法等来完成，并以社会学、社会心理学为分析框架。传统的消费者洞察由研究者预先假设各种关键词，提出问题，有目标地进行观察和讨论，在此基础上提炼和总结出消费者用以描述某些产品或评价的关键词和结论。

在数字化和互联网时代，大量消费者将各种心情和感受用最直接的方式呈现在互联网上，研究者不再需要预先设定关键词来验证，而是通过数据挖掘，直接提取消费者有关某个品牌或者产品的各种表达信息，如搜索信息、讨论信息、分享感受的信息等。为此，各种各样的信息采集软件应运而生，研究者通过软件抓取相关文本，采用语义分析，对消费者在互联网上留下的有关品牌的各种文本进行统计、分析、总结，提炼出有关品牌评价和心理感受的观点和词汇，通过数据可视化的方式将结果呈现出来。这样就能够认清消费者的兴趣与偏好，找到与消费者进行沟通的切入点，启动消费者深层潜意识需求的按钮，从更深的层面建立对消费者的认识。

1. 消费群体人口数量

如果细分市场过小，即便它的特征很明显，但是由于规模过小，不能支撑企业的营业额和利润，因而不值得去开发。

2. 消费支出能力

细分群体的经济能力非常重要。营销策划人员必须考察他们的实际可支配收入和支出能力，过于节俭和经济能力差的群体很难被诱导而进行消费。如果非要开发这个市场，产品的利润率就必须定得比较低，如此才能适应市场需求，但这又会使企业因群体的经济能力过低而放弃该细分群体。

3. 消费者地理分布密度

如果某一细分群体的地理分布比较广泛，而且分布的密度比较低，那么在铺货或营销投入上就会消耗大笔的资金，其投入产出比自然不会理想。

4. 群体特征误差

消费者个体之间通常都存在一定的差异，因而，群体细分要采用求同存异的思路体现群体对市场有价值的共性而有意忽略成员之间的差别。但是，如果过于忽视消费者个体之间的差异，就可能导致细分群体的价值降低；如果过于关注个体之间的差异，又只能获得小规模的消费群体。为此，营销人员应该努力平衡“群体规模”和“群体特征”之间的关系，按照市场的实际条件进行最终的细分判断。

5. 产品需求的强度和稳定性

细分群体中的消费者对产品是不是有很强的需求欲望？是不是有比较大的需求量？是不是有比较稳定的需求状态？这些是判断一个群体价值的重要标准。

6. 品牌忠诚度

这个细分群体是不是品牌忠诚者？他们是不是在同类产品中已经有了对之忠诚的品牌？这些判断可以告诉我们开发市场的难度和必要的投入，因而也是细分群体价值的一种说明。

以上分析有助于企业评估每个细分市场的价值，促使营销人员决定选择哪些细分市场作为开发对象。

三、影响消费行为的个人特征

由于品牌的价值在于品牌与目标消费者之间形成的互动关系，因此，企业在提炼品牌个性的过程中，必须对目标消费者的价值取向、审美情趣和品位以及个性特征进行深入细致的研究与分析，以便根据目标消费者的上述特征提炼出能够得到他们认可的品牌个性。事实上，成功的品牌个性大都可以体现出该品牌目标消费者的个性特征。

（一）生活方式

生活方式（lifestyle）也叫生活形态，它涉及消费者如何生活、工作与休闲，个人在生活方面表现出的兴趣、观念以及参加的活动都可以用来描述一个人的生活形态。当消费者在人口统计及生活形态方面的特征相近时，他们的行为方式，如购物、动机、媒介消费习惯等也会相应地比较接近。在消费者沟通方面，生活形态扮演着举足轻重的角色。通过描述某一消费族群中特有或没有的生活形态，便可以为其量身定做沟通的信息。

借助生活方式细分法（lifestyle segmentation）了解目标细分生活方式的细节，有助于营销策划人员制作出真实可靠的营销信息。生活方式细分可以按企业的具体要求进行设计，比如重点突出与某一类产品相关的问题，也可以使细分具有普遍的适用性，使之适用于多种不同的产品或服务种类。

细分消费者生活形态的架构有很多，基本的架构主要有两种。

架构一，按活动（工作和余暇如何度过）趣味、偏好、意见（社会争议的见解、自我评价）等指标来划分。

架构二，按资源（不局限于年龄、收入和教育程度）和自我定位来划分。

（二）个性

消费者个性是一个人身上表现出的经常的、稳定的、实质性的心理特征，个性差别将导致购买行为的不同，因而个性也可以作为分析消费者的有效变量。

依据个性细分市场，企业可以建立其产品的品牌个性（也称品牌印象和观念），以吸引有相应个性的消费者。如雅迪冠能系列推出“更高端的长续航电动车”，按消费者的个性进行促销，雅迪锁定了“都市、硬朗、机敏易变和自信”的消费群体。

（三）价值取向

所谓价值取向，是指一个在社会中具有特定文化背景的人所信奉的道德和行为规范的理念。在人际交往中，价值观往往是区别一个人与另一个人的标准。从宏观层面而言，价值取向大致可以分为三种形式：以他人为导向的价值取向、以自我为导向的价值取向和以环境为导向的价值取向。

在品牌传播过程中，策划人员也可以将人的价值取向植入品牌，通过长期不间断的营销活动，可以逐渐形成独特的品牌个性。比如，美体小铺（The Body Shop）就是典型地运用与众不同的价值取向，成功地塑造并传播品牌个性，赢得了消费者的广泛认同与尊重，当然也赢得了市场。该品牌使用了以环境为导向的价值取向，奉行的价值观是“有原则地获利”。在这种价值观的指导下，该品牌开展的所有活动都与环境保护有关，无疑使该品牌的消费者对美体小铺的品牌个性形成了深刻的印象。

（四）审美情趣

审美情趣是指消费者在认识和接受事物的过程中判断事物美丑的兴趣与爱好。显然，不同的消费者由于价值取向不同，其审美情趣也会大相径庭。对于相同的品牌，不同的消费者会有不同的判断和选择，一个重要的原因就是消费者大都有不尽相同的审美情趣。比如，贝纳通（Benetton）根据其目标消费者更关注社会问题这一独特的审美情趣，提炼出有别于其竞争对手的品牌个性。策划人员在为企业提炼品牌个性的过程中，还应对本品牌的目标消费者的审美情趣进行深入分析，努力根据目标消费者的审美情趣提炼出能被目标消费者接受、认同甚至喜爱的品牌个性。

四、消费行为分析

消费过程细分以购买者对产品的认知、态度、使用或反应为基础来划分消费群。不少经营者认为行为变量是创建细分市场的最佳起点，因此营销人员可以利用已有的资料，充分调动自己的生活经验，在消费过程细分中寻找可能的消费者区隔。掌握了消费过程中的关键环节之后，营销人员便可以沿着这个脉络找到营销战略的切入点。

（一）重度使用者细分

细分市场最常用的一种方法，就是根据消费者对产品的使用模式和喜爱程度对市场进行细分。除此之外，市场也可以按照产品使用的频率，细分为轻度使用者、中度使用者和重度使用者三类。重度使用者的人数通常只占总市场人数的一小部分，但是他们在消费总量中所占的比重很大。

如果能从市场中捕捉到重度消费者，对营销人员来说便算是一大成功。因为重度消费者的人数虽然较少，但其消费量很大，且特征较为统一。因此针对这部分群体投放媒体营销可以节省不少费用，同时还会获取高额的市场回报。

（二）信赖者类型细分

除此之外，还可以根据需要，分析产品使用者的以往使用模式与品牌偏好，从中找出四种基本的细分市场类型：非使用者、品牌忠诚型用户、品牌变换者和新生消费者。每一类细分都意味着企业面临的独特机会。

第一类，非使用者（nonusers），相对于其他三组消费者，这一组消费者提供的机会最少。

第二类，品牌忠诚型用户（brand-loyal users），他们是一笔巨大的资产，但如果他们是某个竞争对手的忠诚用户，则难以将他们争取过来。

第三类，品牌变换者（switchers），他们常常购买正在减价出售、提供折扣赠券或其他价格刺激的品牌，争取他们的代价非常高昂，还不一定能留住他们。

第四类，新生消费者（emergent consumers），他们的品牌偏好还没有完全形成，用适合他们年龄或社会背景的信息影响他们，最终有望建立起品牌忠诚，并给企业带来良好回报。

（三）利益类型细分

利益细分（benefit segmentation）指按不同的消费者希望从同一类产品中获得的不同整体利益来进行目标细分。例如，不同消费者希望从汽车上得到不同的利益，一些消费者需要经济可靠的交通工具，一些需要速度和刺激，还有一些需要豪华和舒适。再如牙膏市场，有的消费者重视牙膏的防蛀功能，有的重视牙膏的美白功能，还有的重视牙膏的香型味道，或更重视价格。这些不同的利益追求心理形成了不同的购买群体。厂家根据这一标准划分市场，就可以使自己的产品突出某一特性或生产出不同类型的牙膏，以较强的针对性满足不同消费者的利益追求，获得更大的市场份额。

（四）购买时机类型细分

购买时机类型细分就是按购买时机细分市场。如旅客乘坐飞机是由商业、旅游、探亲等有关时机引起的，航空公司可据此细分市场，确定以哪一类乘客为主要服务对象；家具的购买时机常常会由于新宅落成、喜庆和新家庭诞生、旧家具淘汰等而引起；化妆品的消费则通常与气候等时机有关。企业可以据此划分市场，以便扩大自己在消费者中的影响力。

思想决定行动，消费观念直接影响着消费行为。在商品生产和功能日趋完善的市场环境下，消费者为什么选择某个品牌而不选择其他品牌，除受到经济因素制约外，更受到其价值观的影响。因此，对消费者的消费观念的研究越来越受到关注。

（五）价值观和生活态度调查

大量研究表明，消费者的价值观和生活态度直接影响其消费观念和行为。研究消费者价值观和生活态度是消费者研究的重要议题。价值观和生活态度的涵盖范围很广。在调查中关注比较多的指标有消费者在某类消费中的需求（包括功能性需求、象征性需求、体验性需求），愿望，偏好，兴趣爱好，日常时间分配，闲暇生活，对人与自然、人与人关系的认识，对时尚的态度，对社会阶层的认识，审美情趣，健康观念等。消费者在日常生活中选购各种商品都深受其认知和生活态度的影响。所以，在研究价值观和生活态度时，主要选择与品牌所主张的价值观有关联的内容。例如，对于秉承环保主义价值观的品牌，研究消费者价值观时，既要调查消费者对环境保护的态度，也要关注已经存在的环保消费事实（一般可通过调查消费者日常使用的环保产品来推断），同时需要调查研究品类的消费与环保主义的价值关联。通过认知、以往消费、价值关联等一系列指标，来测量消费者的价值观可能对所研究品牌的消费产生的影响。

（六）消费行为调查

消费行为调查是消费者研究非常重要的内容，一般涵盖消费者的购买、使用和评价三个维度。

1. 购买和使用习惯调查

研究消费者如何购买商品是制定传播和销售策略的基础。消费者的购买和使用习惯调查一般关注的问题包括影响消费者品牌选择的因素、消费者通过什么渠道购买、商品的使用方式及使用后的评价等内容。在消费者购买习惯调查中常用的测量指标包括购买频率、购买场所、购买方式、单次购买量、购买周期、购买提议者、购买决策者、购买实施者、价格敏感度、影响购买的因素排名（包括品牌、类别、包装设计、规格、质量、价格、功能、促销）等。在消费者使用习惯调查中，常用的指标包括使用场所、使用频率、使用方法、使用中的感受等。

通过对消费者购买和使用相关指标的测量，了解消费者如何购买产品、如何使用产品，从中发现在销售策略和产品设计中哪些部分值得改进，哪些信息可以成为品牌与消费者的沟通点。

购买和使用习惯的调查有各种方法：传统的问卷调查方法，是通过一次性问卷调查测量相关指标的情况；日记法经常用于购买习惯的调查，通过样本户登记购物清单的方式收集购买资料；零售店销售情况调查是通过分析零售店的购物记录来研究购买习惯。在互联网高速发展的今天，消费者在网上的购物记录成为研究其购买习惯的重要数据来源。对使用习惯的研究，非参与式观察也是经常采用的方法。

市场营销学家把消费者的购买行为概括为六个“W”，从而形成了消费者购买行为分析的基本框架：

第一，市场需要什么？——What。

这部分内容有关产品。通过分析消费者希望购买什么，为什么需要甲产品而不需要乙产品，研究企业应如何提供适销对路的产品去满足需求。

第二，为何购买？——Why。

这是有关购买目的的内容。不管是生理的、自然的、经济的因素，还是社会的、心理的因素等共同作用，只要了解了消费者的购买目的，就可以采取相应的市场策略。

第三，购买者是谁？——Who。

这是有关购买主体的内容。购买者是个人、家庭还是集团？购买的产品供谁使用？谁是购买的决策者、执行者和影响者？根据分析，广告主可以组织相应的产品、渠道、定价和促销组合与之相适应。

第四，如何购买？——How。

这涉及购买主体的作业模式。在消费者市场，分析不同类型消费者的购买特点，如经济型购买者对性能和价格的追求；冲动型购买者对情趣和外观的喜好；手头拮据的购买者要求分期付款；工作繁忙的购买者喜爱购买便捷和送货上门等。分析购买者对购买方式的不同要求，有利于针对性地提供不同的营销服务。

第五，何时购买？——When。

这涉及购买时机的问题。比如，分析自然季节和传统节假日对市场购买的影响程度等。分析购买者对特定商品的购买时间要求，可以帮助决策者把握时机，适时推出产品。

第六，何处购买？——Where。

这涉及购买场合的问题。分析消费者对不同商品购买地点的要求。比如，对消费品中的方便品，消费者通常要求就近购买；选购品则要求在商业区（地区中心或商业中心）购买，以便挑选对比；特殊商品往往要直接到企业或专业店购买。

购买者是消费的主体，对其进行分析时必须回答谁是购买者这个问题。在消费者市场上，购买者可能是个人，也可能是家庭中的一员，他们是消费品购买的基本单位。因此对个人、群体和家庭进行分析，是消费者分析的重要内容，对消费主体的研究可以发现其他五个“W”的答案。

2. 消费者对品牌的认知与评价

这是研究消费者与商品或品牌关系的连接点。通过测量消费者对商品或品牌的了解程度、已经掌握的有关商品和品牌的知识、在消费者心目中已经建立起来的对商品或品牌的认知及其在情感方面形成的对商品或品牌的态度，来分析和判断品牌传播中哪些信息已经充分并准确，哪些信息还需要进一步传播与沟通，哪些方面出现了认知偏差，需要在未来的传播沟通中纠正。同时，通过品牌认知与识别调查，能够正确判断商品或者品牌在同类竞争品牌中能否被清晰地识别出来，以及特定品牌在消费者心中的形象是否清晰。

消费者对品牌认知的调查通常关注对品牌的理解度、对品牌利益点的感知度、对品牌视觉识别系统的识别度等方面。消费者对品牌的评价是指消费者对品牌的价值观、品质、功能以及与品牌相关的其他因素所秉持的态度。测量中经常采用的指标包括消费者对品牌的兴趣度、关注度和好感度等。

评估消费者对品牌的认知与评价，通常采用问卷调查、消费者座谈会、实验、深度访谈等方法有目标地收集资料。对于消费者在互联网上分享的各种信息，通过数据挖掘来分析、提炼消费者对品牌的认知与评价也是很重要的方法（图1–3）。

图1–3　马斯洛需求层次理论图

• 课后习题

试结合案例说明对某品牌进行市场调研及相关消费者洞察。

第二章 市场分析与策略

| 教学目标 |

本章主要介绍市场分析与策略，营销环境分析、产品分析、消费者分析、行业及竞争分析、SWOT分析工具。通过本章的学习，学生能够掌握市场分析的策略，了解行业及竞争分析策略，运用科学合理的方法和策略对市场进行分析。

| 教学重点 |

1.理解并掌握市场环境分析的基本内容。
2.PEST分析法理论及使用。
3.产品生命周期分析。
4.SWOT分析工具使用。

| 推荐阅读 |

[1]黄合水，陈素白. 广告调研技巧[M]. 5版. 厦门：厦门大学出版社，2016.
[2]郭国庆. 市场营销学[M]. 3版. 北京：中国人民大学出版社，2018.

| 教学训练 |

使学生对某品牌进行总体环境分析，并使用PEST分析法，通过小组作业的形式对学生的学习情况进行评估。小组讨论如何确定一个市场的各个细分市场；使用哪些标准来选择最有吸引力的目标市场；同时进行讲座或评审实践作业，进一步提高学生的设计水平和综合素质。

案例 2023年中国NFC果汁消费者洞察报告

2023年中国NFC果汁消费者洞察报告如图2-1所示。

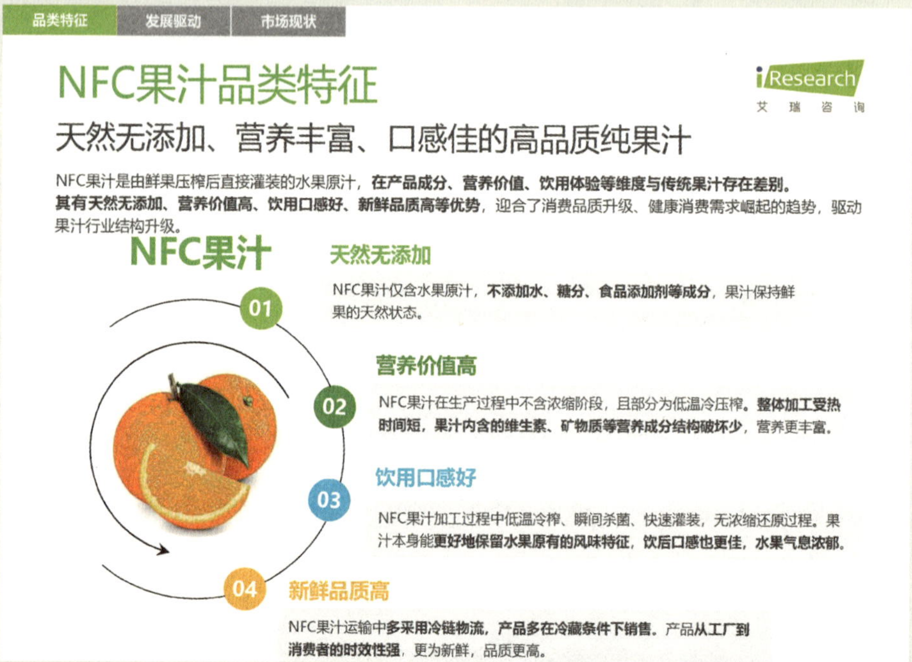

品类定义 | **发展驱动** | 市场现状

中国NFC果汁品类发展：经济环境

iResearch 艾瑞咨询

居民购买力增强，消费升级利好NFC果汁品类增长

近年来，我国居民人均可支配收入稳步提升，2022年达36883元、同比增长5%。**收入水平的提升带动消费能力的增强、刺激消费需求释放**，我国社会消费品零售总额呈波动增长趋势；同时，**居民消费层次的升级不断催生重视健康、个性文化、实际体验等全新消费观念**，更契合健康升级的NFC果汁品类迎来发展契机。

2015—2022年全国居民人均可支配收入

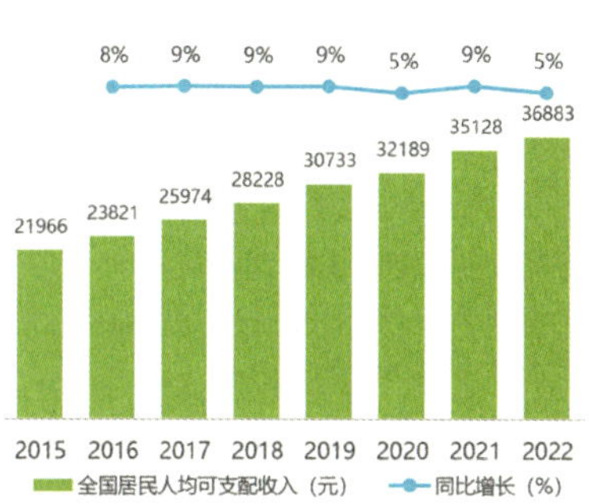

来源：国家统计局、艾瑞消费研究院自主研究绘制。

2015—2022年全国社会消费品零售总额

来源：2015—2022年《中国统计年鉴》、艾瑞消费研究院自主研究绘制。
注释：2018年由于上年同期社会消费品零售总额根据第三次全国农业普查结果及有关制度规定进行了修订，增速按照可比口径计算。

用户画像 | 品类心智 | 消费行为

NFC果汁消费者画像

iResearch 艾瑞咨询

高线城市中青年女性是消费主力，健康消费导向明显

NFC果汁的新鲜、无添加等优势符合市场健康消费的需求与趋势，同时随着近年来的市场教育，**NFC果汁首先在收入水平高、健康观念强的人群中渗透**；其次**已婚有孩的家庭结构衍生出更多元的消费场景**，育有孩子的已婚人群是消费主力。在生活观念上，**NFC果汁消费者对品质生活的追求明显**，偏好通过多元的娱乐方式丰富生活体验。

2023年中国NFC果汁消费者画像

城市分布
多集中在**高线城市**
一线/新一线城市占比67.6%

年龄分布
中青年是主要消费人群
25~35岁消费者占比达52.8%

性别分布
女性是消费绝对主力
以女性为主，占比达60.3%

家庭结构分布
多为**育有孩子的已婚人群**
占比达56.1%，明显高于其他人群

教育程度分布
学历水平高
集中在本科学历，占比达74.5%

职业与收入
多为**中高收入**的**企业员工**
月均收入11,764元，企业员工占比54.8%

消费价值观
重视**健康安全**，驱动品类消费
健康绿色消费导向明显，占比达66.6%

休闲娱乐偏好
享受生活，**兴趣爱好广泛**
看影视、美食烹饪、听音乐是TOP3爱好

样本：N=1089；艾瑞咨询于2023年5月通过艾瑞智研平台-消费洞察数据库调研获得。
注释：本次调研在年龄、城市分布上设定了样本配额，消费者画像结果仅供参考。

图2-1

用户画像 品类心智 消费行为

NFC果汁的消费诉求

饮用后可补充维生素驱动消费者购买NFC果汁

消费者购买NFC果汁的**消费需求多元，呈现精细化、差异化的趋势**。其中功能性诉求是首要驱动（91.6%），**NFC果汁多充当日常维生素“补充剂”、传统饮品更健康的替代品等角色**。

与NFC果汁的品类优势感知有关，**其高价值感、潮流感等特征满足消费者的情感诉求**（77.5%）。通过NFC果汁消费以**改善生活品质、凸显生活品味、满足社交时的个性表达**是消费者常见的情感需求，吸引消费者选择。

2023年中国NFC果汁消费者购买诉求

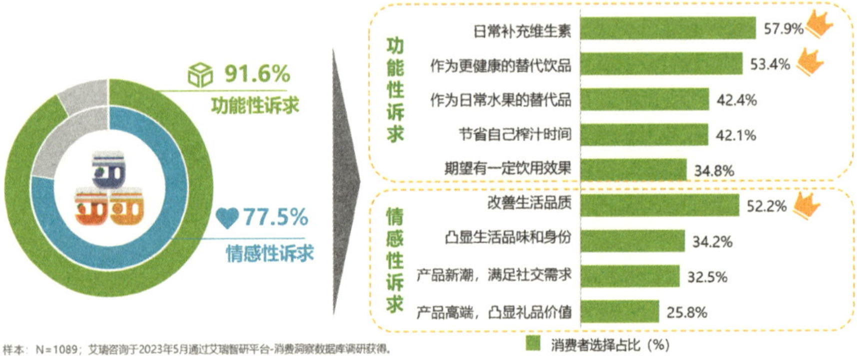

样本：N=1089；艾瑞咨询于2023年5月通过艾瑞智研平台-消费洞察数据库调研获得。

用户画像 品类心智 消费行为

NFC果汁消费诉求的人群差异

女性、高收入消费者的情感性需求更为明显

随着生活物质水平的提升，消费观念经历着从“功能性”向“情感性”的转型，**消费者自我认同和表达的需求不断涌现**。相较其他人群，**女性、月薪在12k以上的中高收入消费者对NFC果汁的情感价值更为敏感，追求其在凸显生活品味、满足社交需求、凸显礼品价值上的象征意义。**

不同性别消费者的NFC果汁购买诉求

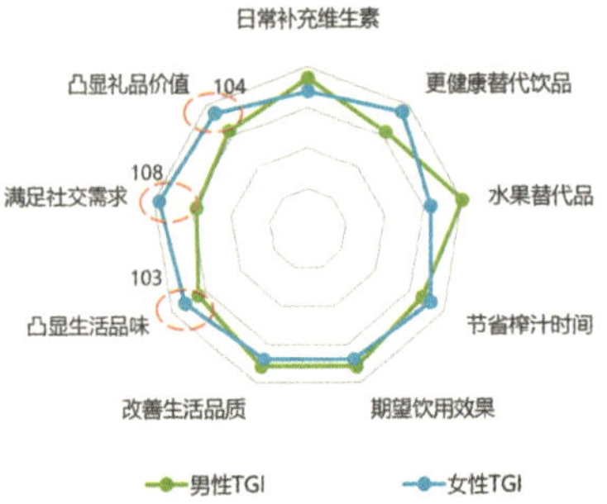

不同收入消费者的NFC果汁购买诉求

	6k以下	6~12k	12~20k	20k以上
日常补充维生素	112			
更健康替代饮品				
水果替代品				118
节省榨汁时间				
期望饮用效果			111	
改善生活品质				112
凸显生活品味			111	130
满足社交需求				145
凸显礼品价值			110	158

TGI≥110　100<TGI<110　TGI≤100

样本：N=1089；艾瑞咨询于2023年5月通过艾瑞智研平台-消费洞察数据库调研获得。
注释：右图中呈现的为受访者平均个人税前月收入情况，后续报告中若无特殊说明，皆同。

用户画像 品类心智 消费行为

NFC果汁的认知渠道

消费者认知NFC果汁的方式多元，线下门店是首要认知渠道

从整体来看，线下和线上渠道在NFC果汁品类推广、提升消费者认知上的触达效果基本持平；**逛超市/便利店偶然看见（72.0%）、电商平台推荐（66.8%）与媒体平台推荐（60.5%）是触达效果最优的三大渠道。**

与触媒习惯有关，**18~30岁年轻消费者通过线下广告牌、线上媒体平台与综艺等公域广告获息相对更多**；而**31~45岁中年消费者相对更依赖私人关系圈层，更多通过亲戚朋友推荐而认知NFC果汁品类。**

2023年中国NFC果汁品类的认知渠道

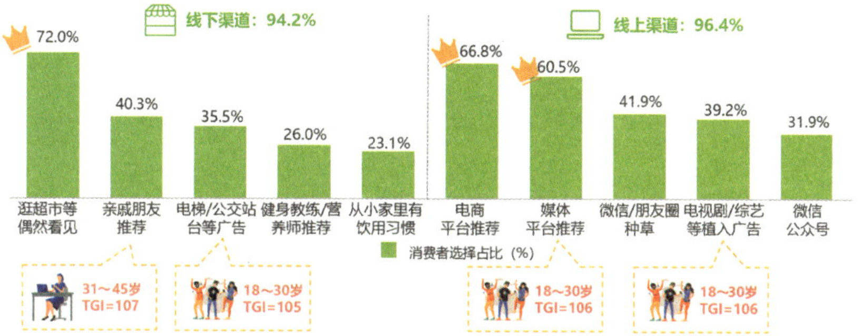

样本：N=1089；艾瑞咨询于2023年5月通过艾瑞智研平台-消费洞察数据库调研获得。

用户画像 品类心智 消费行为

NFC果汁的口味类型

消费者更常购买单一口味，橙汁是最受欢迎的类型

从整体来看，**单一口味的NFC果汁仍然主导地位**。但随着近年来多品牌创新混合口味以满足多元的消费诉求，**44.4%的消费者购买过多口味复合NFC果汁。**

与市场供给情况、消费习惯等有关，**橙汁强势领跑NFC果汁水果口味（63.2%）**；葡萄汁、芒果汁、椰子水、苹果汁也是常见的高频消费口味。

2023年中国NFC果汁的口味类型TOP7

样本：N=1089；艾瑞咨询于2023年5月通过艾瑞智研平台-消费洞察数据库调研获得。

图2-1

用户画像 品类心智 消费行为

NFC果汁的消费渠道

iResearch 艾瑞咨询

大型商超、连锁便利店领跑NFC果汁消费渠道

与果汁消费的即时性特征、疫情后渠道恢复等有关，**消费者对线下零售终端的依赖性明显，八成左右的消费者通过大型商超、连锁便利店购买NFC果汁**；随着即时配送、电商物流等发展，**超市O2O、综合电商平台是超七成消费者选择的线上渠道。**
由于NFC果汁对冷链系统要求较高，**不同城市级别在冷链运输、仓储等基础设施建设的差异影响了消费渠道的选择。**相较高线城市，**低线城市消费者对综合电商平台（80.5%）的依赖性相对更强。**

2023年中国NFC果汁的消费渠道

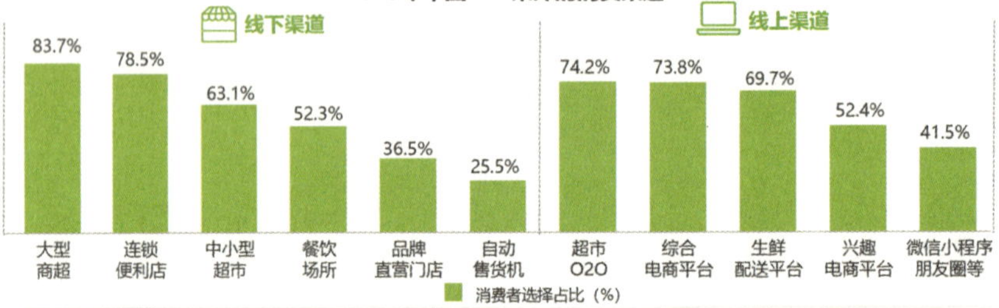

样本：N=1089；艾瑞咨询于2023年5月通过艾瑞智研平台-消费洞察数据库调研获得。
注释：①1-2线城市：含一线、新一线、二线城市；②3-5线城市：含三线、四线、五线城市。

选择考虑因素 需求偏好 体验及期待

消费需求：NFC果汁选择考虑因素

iResearch 艾瑞咨询

产品本身是核心考量，饮用体验、果汁品质是重要考虑因素

消费者选择NFC果汁的主要驱动是NFC果汁产品本身。影响消费者饮用体验的口感（74.7%）、口味（53.0%），影响果汁品质的营养成分（45.2%）、保质期（43.0%）与生产工艺（40.2%），为消费者选择考虑因素的TOP5。
细分人群来看，18~30岁人群关注包装设计，强调产品颜值；31~45岁人群则对价格更敏感，强调性价比；热恋期情侣追求精致感，关注产品外形设计、品牌知名度。

2023年中国NFC果汁的选择考虑因素

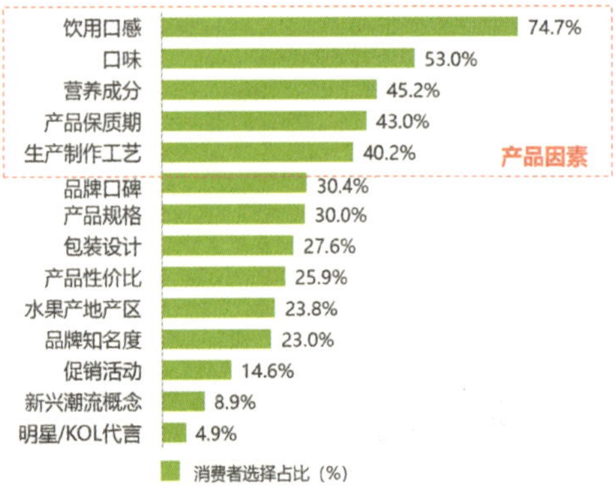

样本：N=1089；艾瑞咨询于2023年5月通过艾瑞智研平台-消费洞察数据库调研获得。

选择考虑因素　需求偏好　体验及期待

消费需求：饮用口感偏好

消费者偏好清爽顺滑的果汁口感，黏稠绵密特定人群需求高

果汁饮用口感是消费者购买NFC果汁的重要驱动因素。整体来看，**清爽顺滑（67.9%）、细腻无渣感（64.4%）是消费者最喜欢的两大口感。**

相较而言，黏稠绵密口感选择比较少（43.6%），但其在细分人群受到喜爱。诸如已婚有子女人群、高收入人群，推测可能与果汁的婴儿辅食、健身代餐场景使用有关。

2023年中国NFC果汁的饮用口感需求

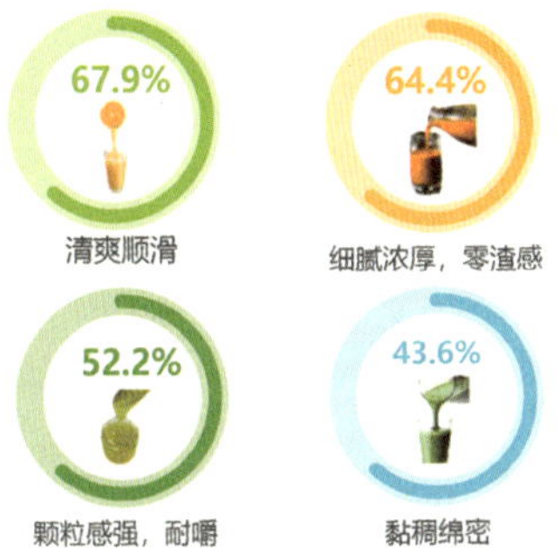

不同人群的饮用口感偏好

样本：N=1089；艾瑞咨询于2023年5月通过艾瑞智研平台-消费洞察数据库调研获得。

选择考虑因素　需求偏好　体验及期待

消费需求：果汁口味偏好

橙子、葡萄大众水果仍占主流，芒果、椰子热带水果受追捧

橙子、葡萄等传统水果口味依然受到多数消费者的喜爱，领先明显；此外，**芒果、椰子、菠萝等热带风味水果受到消费者追捧**；从口味搭配方式来看，**消费者更偏好原汁原味，超七成消费者偏好单一口味、两种口味混合的果汁。**

进一步细分人群来看，**年轻人群求新、求异意识明显，青睐番石榴、桑葚等小众水果。**此外有趣的是，**高线级城市对传统水果青睐有加，低线城市居民则相对更偏爱芒果、百香果等网红水果。**

2023年中国NFC果汁的消费者口味偏好

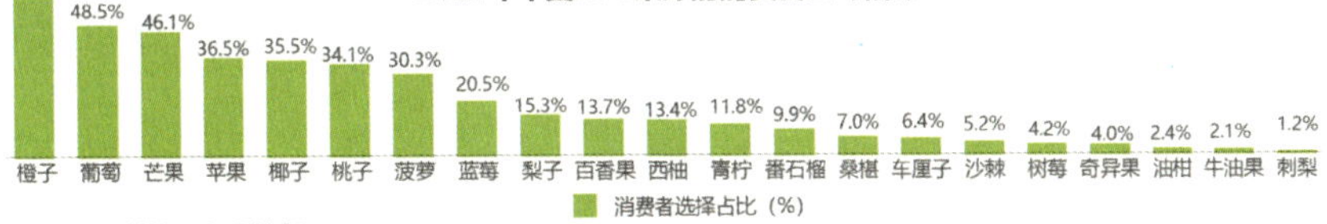

口味搭配方式偏好

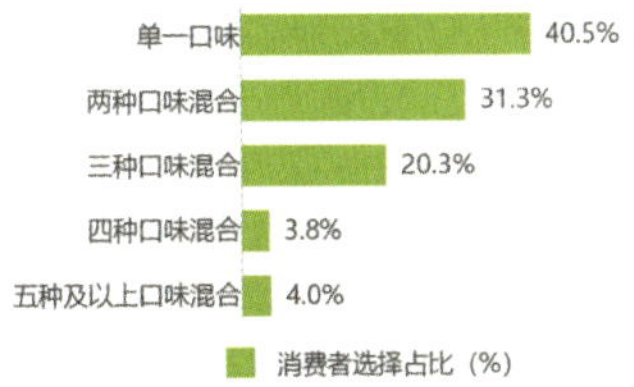

	18~30岁 TGI	31~45岁 TGI
橙子	88	115
番石榴	120	74
桑葚	121	70
车厘子	142	44

	一线城市 TGI	新一线城市 TGI	二线城市 TGI	低线城市 TGI
芒果	79	94	131	124
百香果	55	101	153	143
苹果	113	100	91	73
梨	120	107	76	58

样本：N=1089；艾瑞咨询于2023年5月通过艾瑞智研平台-消费洞察数据库调研获得。

图2-1

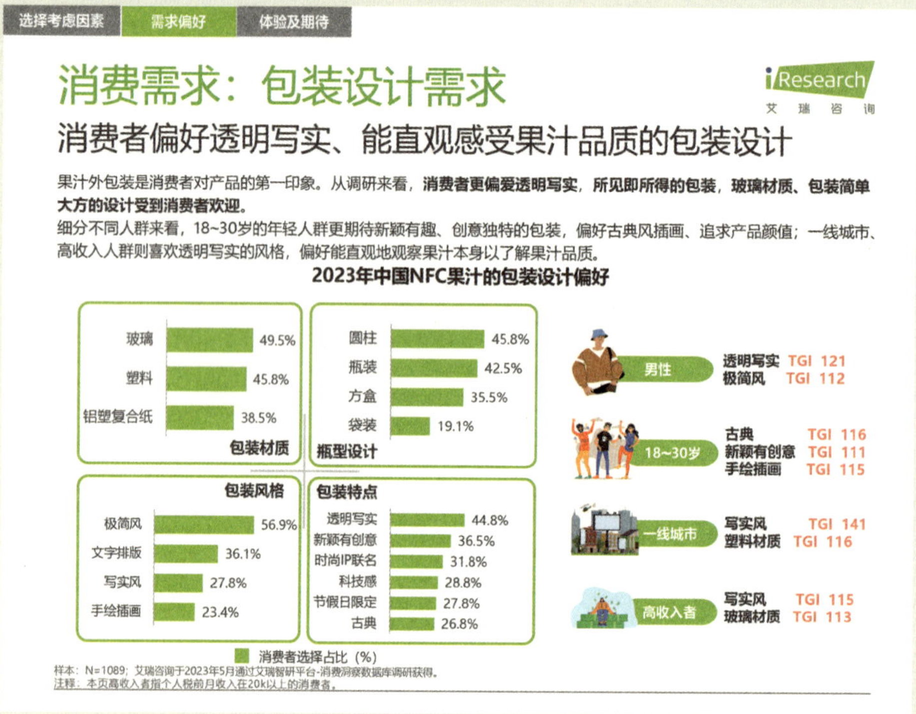

图2-1 NFC消费洞察报告

一、营销环境分析

企业在实施营销战略之前，必须对企业所开展的营销传播活动及目前市场环境的变化状况进行分析。由于上述两个内容在时间上有先后之分，即便企业之前所开展的营销传播活动较为成功，也不能保证在目前市场环境已经改变的情况下继续使用以往的营销传播活动还能够继续取得成功。因此，营销传播战略应该从零开始，而不是对以往所开展的营销传播活动的简单重复。

企业进行营销传播之前必须了解品牌产品所处的整个市场的发展现状及趋势，以便根据市场环境的变化采取相应的营销传播策略。

（一）环境分析系统

1. 经济环境

市场不仅需要人口，而且需要一定的购买力。经济因素决定着企业能否获得充足的资金、消费者的购买力及畅通的流通渠道；而消费者的实际购买力则取决于他们的现行收入、价格、储蓄、负债及信贷水平等。经常受到关注的经济因素包括以下几个方面。

（1）家庭收入。分析中，可以将家庭收入按档次划分。在不同的地区，各收入档次所占的比例也不同。营销人员可据此划分出市场的五类收入分配模式（一般会认为高收入家庭的市场开发价值比较高）。

（2）消费支出。消费者的消费支出数额并不一定与其收入相对应，换句话说，就是消费者并不是有多少钱就花多少钱。消费支出占其收入的比例有高有低，常常受到消费者现有储蓄、信贷水平、社会心理等因素的影响。

（3）社会经济景气程度。社会经济的景气程度和消费者信心指数也是影响消费力的直接因素。经济繁荣，人们的消费欲望便容易上升，享受类、炫耀类消费等便容易发生；经济紧缩，精打细算的消费者数量便会增加，享受类、炫耀类消费等便会相应减少。

2. 技术环境

随着全球经济技术水平的发展，技术变革对行业发展的驱动能力也越来越强。互联网、通信、信息处理技术的显著进展，为企业展现了无穷的前景和更合理的成本。许多小革新填补了技术缺口，创造了新的市场和机会。从生产到销售，企业在迎合市场需求方面变得更加灵活和迅速。

从某种角度来说，每一种新技术都是一种“创造性破坏”因素。比如，电脑的产生带走了一部分电视、报纸、杂志的用户，几乎带走了全部打字机的消费者；复印机破坏了复写纸行业；电脑和智能手机带走了部分纸质书籍的消费价值。新技术的出现，总会在一定程度上冲击相关老品类产品的市场。了解一些技术的基本内涵并分析技术变革对企业和产业发展的深刻影响，是营销策划人员必须具备的基本知识。

3. 政治、法律与行业政策环境

政治、法律环境决定着企业能否在稳定的社会中获得长久、稳步的发展。而政策、法规最大的影响就在于规定了企业能做什么、不能做什么，进而影响企业的战略选择。近年来，为了更好地保护企业、消费者以及社会利益不受损害，政策、法规对企业的影响不断增大，出现了大量商业规范性法规。比如，在中国，禁止比较性广告，以保证广告的真实性；禁止在广告中使用“第一”“领导者”的词汇。与此同时，公共利益团体的数目和力量也在不断增加，中国的《消费者权益保护法》、消费者协会，以及“3.15国际消费者权益日”就是典型的例子。

4. 人口环境

人口环境包括城市、地区和国家的人口规模、人口增长率、地理分布、人口密度、年龄分布、种族组合、教育水平、家庭类型、出生率、结婚率、死亡率和人口流动等因素。以上因素的发展变化可以影响市场规模和市场前景等的变化。

5. 文化环境

人们赖以成长和生活的社会形成了人们的基本信仰、价值观和生活准则。生活在特定社会中的人们拥有许多持久的核心信仰与价值观念，社会的文化环境制约着处于这种文化背景中的消费者对产品的认同，制约着消费行为的趋向。

在对社会文化价值观念进行分析的过程中，可以发现对市场、消费者有价值的因素。

6. 自然环境

自然环境因素决定着企业所能获得的自然资源及自然保护对企业生产和产品特性的限定。进入20世纪90年代以来，自然环境的恶化是企业与公众面临的一个主要问题，势力日益强大的“绿色”运动强调善用资源、保护环境，促使越来越多的企业致力于开发新的高效、节能、无污染的能源及产品，如无氟冰箱、节能灯和无磷洗衣粉等。

为了适应世界市场对地球生态的日益关切和“绿色消费者”规模的不断扩大，企业必须对日益严格的环保法规、日益高涨的环境意识有更多的认识，接受和采取“绿色营销”的观念，以消除或减少生产经营活动对地球生态环境的破坏为中心，展开市场营销活动。

（二）环境分析重点

对于营销策划人员而言，还应重点分析市场规模、市场发展趋势、市场占有率、流通渠道的状况和市场结构类型及市场地位等。

1. 市场规模、发展趋势

在分析某一市场的规模时，可以通过商品的普及率、生产量、销售量和消费额予以分析。比如，某品牌的咖啡准备进入某一市场，就必须分析该市场的咖啡普及率、近5年销售总量等基本数据，以便比较清楚地了解该咖啡市场的规模大小及该市场目前是处于导入期、成长期、成熟期还是衰退期。一般情况下，当某一市场的产品销售总额的增长率大于10%时，该市场就处于成长期；当某一市场的产品销售总额增长率为1%~10%时，该市场就处于成熟期；当某一市场的产品销售总额增长率小于0时，该市场则处于衰退期。

2. 市场占有率

在市场环境分析中，市场占有率是一个重要的概念。市场占有率是指在市场中，某品牌产品的营业额占总营业额的比率。企业在分析市场占有率时，不应只分析本品牌产品的市场占有率，还应该对市场上其他重要品牌产品的市场占有率进行分析。通过比较，明确本品牌产品与竞争品牌产品在市场上各自所占有的位次，据此制定更有针对性的品牌传播策划方案。

3. 流通渠道

如果说对市场规模的分析是对市场销售总量的研究，对市场占有率的分析是对各品牌市场份额的研究，对各品牌产品流通渠道的分析就是对销售策略的研究。通过对流通渠道的分析，可以明了各竞争品牌在销售环节的基本策略和现实状况，具体包括各品牌产品的铺货率、店面占有情况、库存量等。

（三）环境分析工具

品牌营销作为一项极具目的性和综合性的系统化操作程序，必须从战略的高度对企业自身和环境状况进行分析来排出优先次序，以作为战略规划实施的依据。SWOT分析是品牌传播战略策划的第一个步骤，该分析所要关注的四个要素是影响产品或品牌的企业内部优势（strengths）或劣势（weaknesses），企业在外部环境的变化过程中所面对的机会（opportunities）或威胁（threats）。

PEST分析法

在对环境进行分析时，PEST分析法是一种提示性非常强的分析规则。PEST 是政治（politics）、经济（economies）、社会（society）、科技（technology）的英文首字母缩写（图2-2）。

PEST分析法也提出了若干常见的环境因素。通过考察这些因素对企业的影响，可以轻松地发现为行业、组织进行环境分析的要点。

PEST分析法重点研究政治、经济、社会、科技，为研究组织的总体环境提出有益的出发点。筛选出一些因素进行深层次分析是有价值的，但如果分析的因素过多，则变成了一种浪费。PEST分析法中涉及的要素通常针对过去发生的事件，以及组织已经拥有的经验，该分析过程也可以用来对未来的状况进行预测说明。

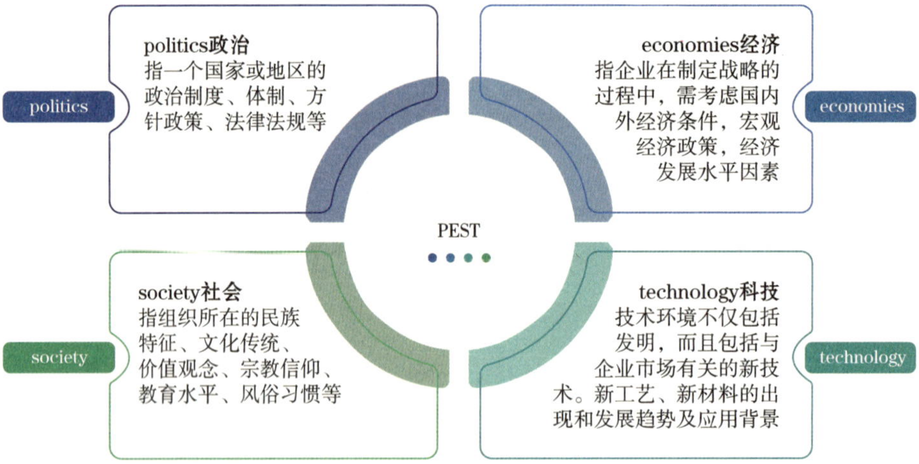

图2-2　PEST分析法

二、产品分析

品牌的核心是产品，因此，产品是市场供应品的关键元素，这是一个基本事实。产品是指给市场提供以满足需要和需求的任何东西，包括有形产品、服务、体验、事件、资产、组织、信息和创意。顾客根据如下的三个基本标准判断市场供应品的吸引力：产品特征和质量、服务组合和质量，以及价格是否合适。因此，营销者必须仔细决定，将产品的属性、利益和质量定在何种水平。

（一）产品的本质

从市场营销的角度来看，产品（product）就是向市场提供的，供人们获取、使用和消费，以满足某种欲望和需求的一切东西。市场营销角度的产品，包含有型产品和服务。

（二）产品的三个层次

1. 核心产品层

核心产品层体现的是产品最基本的功能。每一类产品都是为解决消费者生活中的问题而提供帮助的，因此，产品和消费者的基本关系建构在了“消费者实际上真正希望通过消费行为解决什么基本生活问题”这一层面上，这是产品对于消费者最基本的吸引力所在。消费者购买某种产品，不仅仅是为了获得产品本身，更主要的是产品满足他的某种需求。比如，购买洗衣机，消费者最基本的需求是解决在生活中洗衣服的麻烦，人们可以从洗衣服的家务劳作中解放出来，所有针对洗衣机的消费都应该首先建立在这对关系的基础上。消费者在购买手机时，最初是为了满足其通话便利的需要；消费者购买高压锅是为了烹饪便利。因此，企业在制定产品的开发和营销策略时，首先要考虑核心产品层，明确产品能够带来什么基本功效和益处。

2. 有形产品层

产品的功能通过一定的具体形式反映出来，有形产品层向人们展示的是产品实质的外在特征，它包括外观形式、内在质量以及促销。有形产品层应至少包含五个特征：质量水平、特点、样式、品牌名称及包装。

产品的有形层次使产品与产品之间形成了差异，进而给消费者的选择提供了机会。在消费水平不高或产品供给不足的情况下，消费者购买产品主要考虑的是功能和效用，对产品的其他要求居次要地位。随着消费观念的提升和买方市场的出现，消费者的需求逐渐提高，可选择的余地也逐渐变多、变大。例如，洗衣机这种产品，几乎每个消费者在购买过程中都会对其功能、质量和样式进行选择，而生产洗衣机的企业也会尽量使自己的产品在这些方面具备一定的优势。

假如消费者可能完全不了解某些新产品的核心利益点，这时就要在信息沟通中侧重于诉求产品的核心利益点；如果大多数消费者早已经接受了某类产品，那么信息沟通的侧重点就势必需要转移，如强调企业产品本身的优势特点，以期引导消费者的注意。

3. 附加产品层

产品还会提供附加服务和附加价值，使消费者有机会通过获取这些额外利益而选择某产品，由此形成了附加价值这一层面。附加产品层指消费者在购买和使用商品时可获得的各种附加利益的总和，包括售前的咨询服务（如一对一咨询）、售中的交易条件（如分期付款、0元购），以及售后的送货、安装、维修服务等利益。比如，某些空调厂家除了提供功能先进、产品设计极具特色的产品外，还提供多年保修、送货安装、24小时热线电话等服务，同时还建立了VIP会员俱乐部，随时提供各种相关帮助或服务，这些利益点也同样对消费者具有很大的吸引力。

很多行业的技术壁垒并不是很高，因而产品的同质化趋势往往难以避免，特别是当一个品类或行业的市场发展接近成熟期的时候，不同企业间基于竞争压力，会在产品功能开发、质量水平、外形设计、包装等方面尽量弥补与其他产品的差距，最终导致在对消费者进行诉求时，却难以发现自身独有的优势。此时，拓展产品附加价值层次的价值点便成了一种诉求策略。

当以上这三个层次被产品的生产企业整合起来，全面满足消费者在消费过程中的需求时，这家企业出售的就不只是某一个普通产品了，而成了消费者关于某个需要的一个“整体消费系统”，即某个产品的消费者在使用该产品时试图完成的完整任务和全部方法。由此，消费者在消费过程中的利益可以得到全面的认知和开发，产品间也可以通过创造与增加产品附加价值的机会来展开有效的竞争和营销传播（图2-3）。

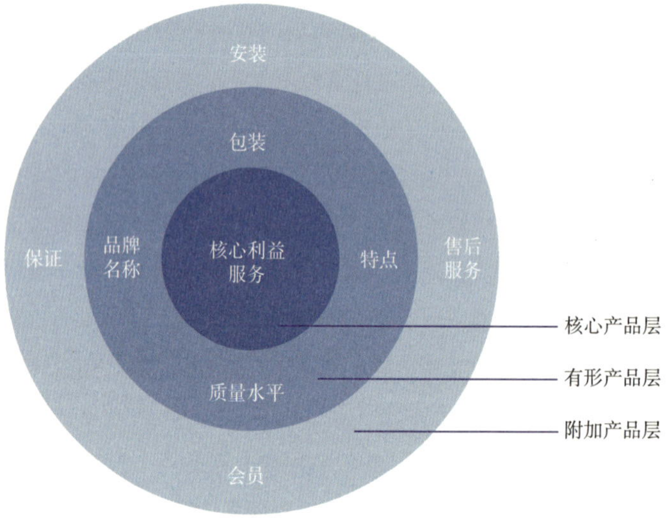

图2-3 产品分析的三个层次

（三）产品分类方法

价格、风格和方便，产品这些与生俱来的固有特质会使消费者在消费某种产品时表现出特定的心理模式和行为模式。这一点提醒我们，在进行广告策划活动时，不要忽视由产品本身的特质而引发的特定消费模式。

根据产品的特征，比如根据产品的耐用性和有形性，可以明确地把产品分为两大类：有形产品和服务。

1. 有形产品

“有形”的概念告诉我们，企业所提供的产品有外形、体积、重量等因素，真实存在，消费者可以在产品外形的诸多方面进行比较和挑选。有形产品又以其与生俱来的特征以及消费的根本特性分为两大类：耐用品和非耐用品。

消费者购买耐用消费品的消费习惯不同于购买非耐用品的习惯。耐用品由于使用寿命长，价格也相对较高，消费者的购买行为表现得较为理性，其购买习惯表现如下：

（1）购买时选择性大，购买决策相对复杂。

（2）仔细比较各种品牌的性价比，对产品品质、功效、售后服务质量，包括企业的声誉都有较高要求。

（3）不一定就近购买，而是到规模较大、产品较集中的商场购买，而且经常货比三家。

2. 服务

服务是一方能够为另一方提供的任何一项活动、利益或满足，这类商品包括维修教学、医疗等。服务是无形的、不可分的、易变且具有时间性的。因此，服务往往对质量控制、供应商信誉、适用性的要求更高。它的产生既可以与实际产品有关，也可以无关。在考虑服务类产品的营销和广告策略时，我们首先必须了解这类产品的特征。

（1）无形性：在购买服务前，它们看不见、摸不着、听不见，购买者必须信任服务的提供者才会付诸购买行为。所以，广告运作环节应该在加强消费者的信心方面加大力度。

（2）不可分性：服务与其来源是不可分的，不管这种来源是人还是机器。音乐会即如此，只有演奏者、乐器、场地、时间等条件都具备时，服务才能实现。所以，服务经常会受到时间和空间数量的限制。为了克服这种限制，可以培训更多的服务提供者，或提高为群体服务的能力。

（3）易变性：服务的质量是非常易变的，取决于谁提供服务，什么时间、什么地点提供服务。为了改善这一点，可以通过培训，提高服务人员的素质，以提供更多标准化的服务；或通过建立消费者调查、申诉制度，从消费者的反馈中找到问题并加以改进。

（4）时间性：服务不能储存。当需求比较稳定时，服务的时间性不成问题，但是一旦需求有所波动，就要提醒提供者事先做好准备工作，比如预定制度、折扣制度、消费者自助服务制度等。

服务种类繁多，这要看服务到底是以人为基础还是以机器设备为基础，提供服务时消费者是否需要到场，消费者的消费动机是什么，以及服务提供者有无盈利的目的。

服务性机构不仅包括酒店、餐馆、洗衣店等传统机构，还包括航空公司、银行、保险公司、电信等大型国际性集团。就服务类产品的市场规模来说，其在广告服务行业中的地位也是很重要的。

（四）基于消费模式差异的产品分类

根据消费者的购买习惯，可以将消费品主要分为如下几类：快速消费品（fast moving consumer goods，FMCG）、便利品（convenience goods）、选购品（shopping goods）、特殊品（speciality goods）、非渴求品（unsought goods）和奢侈品（luxury goods）。

1. 快速消费品

快速消费品所涉及的行业包括：包装食品、卫生用品、清洁用品、烟草、酒类和饮料等，快速消费品通常满足的是消费者基本的生活需求。这些产品之所以被称为快速消费品，是因为它们是日常用品，依托消费者高频次、高重复率的使用与消耗，企业通过规模化的市场销量来获得利润与价值。

快速消费品不仅是一类产品的总称，也是一种营销和沟通方法的总和。这个品类的准入门槛相对较低，所以会有无数的竞争者不断涌入，竞争也是异常激烈。快速消费品是一个独特的、相对完整的和富有特征的领域，它的营销、渠道和公关都呈现出不同的特色。快速消费品的消费者通常有很多的产品和品牌选择，因此很难维护消费者对产品的忠诚度。

快速消费品的消费者通常有很多的产品和品牌可选择，因此很难维护消费者对产品的忠诚。此时，广告创意对快速消费品获取市场销售便显得格外重要，哪怕通过好的创意博得消费者一时的青睐也好。在快速消费品的领域，市场不断演变，消费者细分日益深入和复杂，针对各种细分受众及其需求的新产品、新概念层出不穷。因此，产品必须在包装、售点、广告、活动以及公关软文等细节上下足功夫。快速消费品往往缺乏真正意义上的产品变化，它不像电子产品那样可以不断开发新技术、新功能。但是，快消品仍会不断为市场推出新意，如变换新包装、投放新广告、实行新促销、展开新活动等。追求形式和主张上的新意是快消品的一大特征。

快速消费品中同类产品之间的区别甚微，因而极易导致产品/品牌的同质化和老化问题。因此，产品/品牌同质化和老化问题成为快消品必须面对的严峻问题。

如何辨认消费者的需求（定位）？如何更好地满足消费者的需求（产品概念）？如何让消费者方便地购买（通路）？如何更好地让消费者注意并喜爱（品牌偏好）？以及如何与竞争品牌形成差异化（品牌形象）？这些方面成为快消品市场运作的主导思路。

2. 便利品

便利品是指消费者购买频繁，不愿花时间和精力比较品牌、价格，希望随时随地能买到的产品。便利品可分为日用品、冲动购买品和应急物品三种。其中，日用品是指那些价格低、经常使用和购买的产品，如食盐、方便面、洗涤用品、饮料等；冲动购买品是指消费者在视觉、嗅觉、听觉等感觉器官受到刺激的情况下临时决定购买的产品，如玩具、水果等；应急物品是指消费者在紧急需要的情况下所购买的产品或服务，如急诊药品、应急雨伞等。

3. 选购品

选购品是指消费者对产品或服务的价格、质量、款式、耐用性等进行比较之后才会购买的产品，如家用电器、服装、美容美发产品等。

4. 特殊品

特殊品是指具备独有特征或品牌标志的产品。对这些产品，购买者愿意付出特殊的购买努力，如特殊品牌和样式的汽车、服装等。

5. 非渴求品

非渴求品是指那些消费者不知道或虽然知道但一般情况下不会主动购买的产品。传统的非渴求品有人寿保险、工艺类陶瓷及百科全书等。那些刚上市的、消费者从未了解的新产品也可归为非渴求品的范畴。当然，非渴求品并不是终身不变的，特别是新产品，随着消费者对产品的了解，它可以转换为其他类别的产品。

6. 奢侈品

奢侈品在国际上被定义为“一种超出人们生存与发展需要范围的、具有独特、稀缺、珍奇等特点的消费品”。奢侈品在经济学上讲，指的是价值与品质关系比值最高的产品。从另一个角度上看，奢侈品又是指无形价值与有形价值关系比值最高的产品。

对于奢侈品营销来说，品牌和产品的价值定位非常重要。因此，营销的每个环节都要求富有技巧：既能够保持“高贵”的姿态，又要有不顾一切接近消费者的精神。其常见的价值定位方式有5种。

（1）原产地概念。正如贵族讲究血统一般，奢侈品也显示原产地概念的重要性。法国香水、意大利皮具、瑞士手表等原产地意味着正宗和传统，这正是消费者心里所需要的。

（2）制造工艺概念。奢侈品的制造工艺往往是繁复的，这正是奢侈品的魅力所在。超过行业平均水平数倍的制作时间、大量的手工制作、考究的材料等，成为打造奢侈品价值的基础。

（3）艺术概念。消费者对产品最高的评价就是将其与艺术感受相提并论。品牌和产品本身所承载的艺术元素与细节可以提升产品和品牌的形象，从而帮助造就奢侈品永恒的价值。

（4）限量概念。通过限量生产来制造稀缺感，限量版奢侈品的可望而不可即之感可以为奢侈品高昂的价值提供有力的支撑。

（5）文化概念。奢侈品品牌更加强调文化内涵，以使之能够适用于不同国家、民族和社会。文化内涵是奢侈品价值中重要的组成部分，短期的广告行为很难塑造出奢侈品品牌的文化内涵。

（五）产品生命周期策略

产品生命周期（product life cycle），也称“商品生命周期”。是指产品从准备进入市场开始到被淘汰退出市场为止的全部运动过程，由需求与技术的生产周期所决定。是产品或商品在市场运动中的经济寿命，也即在市场流通过程中，由于消费者的需求变化及影响市场的其他因素所造成的商品由盛转衰的周期。主要是由消费者的消费方式、消费水平、消费结构和消费心理的变化所决定的。一般分为导入期、成长期、成熟期、衰退期四个阶段（图2-4）。在产品生命周期的不同阶段，企业需要采取不同的营销战略。

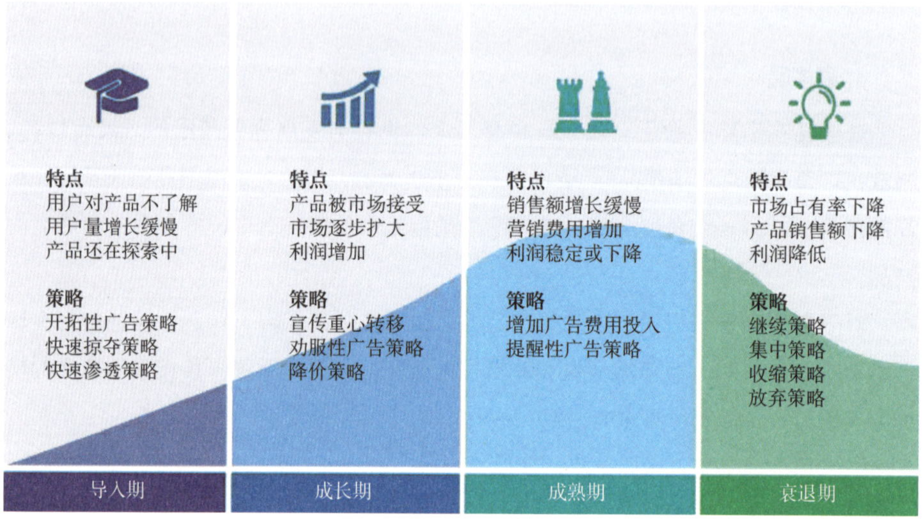

图2-4　产品生命周期

产品生命周期分析的要点，是根据产品在市场中的态势判定产品现阶段所处的生命周期，并根据产品的生命周期制定与其相适应的广告策略。

在生命周期的不同阶段中，产品的市场占有率和通过销售产品而获得的利润都会有所变化，因而企业的营销策略，包括广告策略，也应该随着产品生命周期的变化而及时调整。

1. 导入期策略

导入期指产品刚刚上市，销售增长趋势缓慢，营销费用支出较大的时期，可采取以下策略。

（1）快速进攻策略。采取高价格、高促销费用的手段推出新产品，迅速打开市场，实现较高的市场占有率。采用这一策略的假设条件为：市场需求潜力巨大；目标顾客渴望该产品并愿意支付溢价；企业面临潜在竞争威胁或希望树立品牌。

（2）缓慢进攻策略。采取高价格、低促销费用的手段推出新产品。采用这一策略的假设条件为：市场规模有限；产品已为大多数人所熟知；目标顾客愿意支付溢价；市场竞争并不激烈。

（3）快速渗透策略。采取低价格、高促销费用的手段推出新产品，使企业以最快的速度占有最大的市场份额。采用这一战略的假设条件为：市场容量大；产品不为人所熟知；目标顾客对价格敏感；潜在竞争激烈；企业能产生规模效应。

（4）缓慢渗透策略。采取低价格、低促销费用的手段推出新产品。采用这一战略的假设条件为：市场容量大；产品知名度高；目标顾客对价格敏感；存在潜在竞争。

2. 成长期策略

产品上市成功后便进入成长期，同时也是利润大量增加的时期。在此阶段，企业通常采取以下策略维持市场成长。

（1）改进产品质量，改变原有产品款式；同时赋予新产品更多的特色和样式，并增加侧翼产品。

（2）进入新的细分市场，拓展新的分销渠道。

（3）宣传重点由产品知名度转向产品偏好，注重树立品牌和产品形象。

（4）适时降价，以吸引价格敏感型消费者。

3. 成熟期策略

成熟期是指产品已被市场多数消费者所接受，并且销售数量增长减缓，产品进入相对成熟阶段。为应对市场竞争、保持产品的市场地位，该阶段的营销支出日益增加，利润逐渐减少。此阶段通常采取以下策略。

（1）市场改进。通过不断开发潜在消费者，增加现有顾客的使用频率；争夺竞争者的顾客；进入新的细分市场以改变市场现状，从而刺激销售。

（2）产品改进。通过改进产品质量、赋予产品新特色、增加产品样式和款式等方法进行产品改进，从而刺激销售。

（3）营销组合改进。通过改进营销组合4P及其他要素刺激销售。

4. 衰退期策略

衰退期市场占有率下降，销售额下降，利润降低。此阶段，企业通常可以采取以下战略。

（1）加强战略。增加投资，集中力量在最有价值的细分市场上，并使企业处于支配地位或强有力的竞争地位，以收割该市场的剩余利润。

（2）维持战略。在现有市场中保持原有的水平和营销策略，将产品的销售维持在一个较低的水平，直至该产品最终退出市场。如果竞争对手先退出市场，则可能获得较高的利润。

（3）转移战略。有选择地降低投资态势、放弃原有市场；同时加强对有利可图的新市场或产品的投资，力争在新市场或产品上获得成功。

（4）收缩战略。迅速缩减产品生产、降低营销费用，尽可能地增加当前利润，以便快速获取现金收益。

（5）放弃战略。迅速放弃衰退速度快、无利可图的产品。

5. 产品生命周期形式

值得注意的是，由于“产品生命周期”的概念被广泛地应用在从行业到品牌的一条很长的线上，从而可能会出现以下问题。

（1）在分析产品的生命周期时，“产品”的定义范围有大有小，可以三种标准分类：产品种类、产品形式和产品品牌。产品种类指具有相同功能及用途的所有产品；产品形式指同一种类产品中辅助功能、用途或实物有差别的不同产品；产品品牌指企业生产与销售的特定产品。依据三种不同的产品角度分析生命周期，会得到不同的结果。

产品种类：生命周期比产品形式、产品品牌长，其成熟期甚至会无限延续。

产品形式：表现为上述典型的生命周期过程。

产品品牌：一般是不规则的，受市场环境及企业市场营销策略、品牌知名度的影响，知名度越高，其生命周期就长，反之亦然（图2-5）。

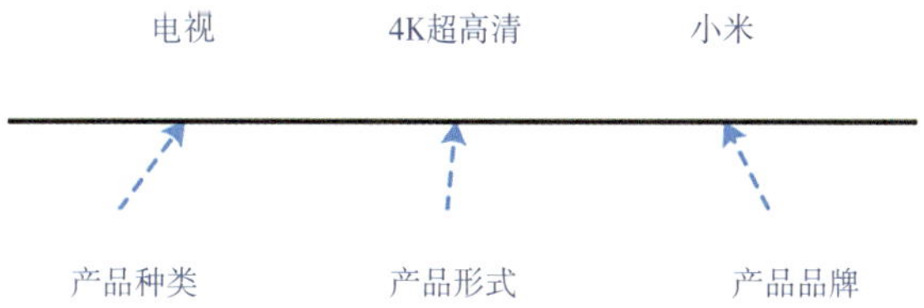

图2-5 产品生命周期形式

（2）在实际情况中，产品生命周期曲线的形状通常表现得丰富多彩，并完全展示其本身的特性。我们可以通过观察，并识别出许多种不同曲线代表的产品特征。

①循环一再循环型：这是由于企业采取不同的市场营销努力而出现的现象。

②扇形：表示一种产品由于发现了新的特性、找到了新的用途，或发现了新的市场，而延长了产品生命周期。

③专用品：进入市场之后会保持长久的市场生命力。

④时尚产品：从导入期到衰退期的转折点可能在几个月内即完成，然后迅速退出市场。

⑤有剩余市场的时尚产品：进入市场和进入成熟期的速度很快，但是其退出市场并不彻底，会持续保持一定的市场规模。

不存在统一的、可预测的产品生命周期，所以也不存在标准的市场演变模式。但对于市场的描述过程却是相同的。通过分析，我们可以预测出市场和竞争者的发展状况，从而制定利用这些变化因素的市场营销策略和广告策略。

三、消费者分析

分析消费者的消费心理、消费行为、消费需求、消费动机、消费决策过程媒介使用及信息获取渠道等是营销服务必不可少的内容。

在商品极其丰富的时代，营销者通过洞察消费者内心深处的欲望，帮助企业理解开发什么样的商品能够满足消费者的需求。消费者是营销广告的沟通对象，是所有商品开发的使用对象。研究消费者的生活态度、社会价值观、消费习惯，洞察消费者的内心需求、接触各类媒体的习惯和使用媒体的情况等，是营销科学化的基础。

（一）STP营销法

STP 营销方法已成为市场营销人员实际应用中的一个重要工具，也是市场营销的核心内容，而市场细分（marketing segmentation）理论则是 STP 营销方法的核心。STP 理论要求企业在一定的市场细分的基础上确定自己的目标市场，最后把产品或服务定位在目标市场中的确定位置上。

（二）市场细分

市场细分概念由美国营销学家温德尔·史密斯（Wendell Smith）首先提出，后经美国营销学家菲利普·科特勒（Philip Kotler）进一步发展和完善，最终形成了成熟的 STP 理论，即市场细分（segmentation）、目标市场（targeting）和市场定位（positioning）。

所谓“市场细分”，就是根据消费者需求的不同特征，将市场划分为若干有意义的消费者群体的过程。

由于企业资源的有限性以及市场需求的无限差异化，市场细分成为企业营销战略策划的关键环节。不同的细分市场之间，需求差别明显；而在每一个细分市场内部，需求差别比较细微，基本倾向一致。它可以帮助营销策划者找到消费者和目标受众，了解他们的需求心理，并依据定位理论创造适当的机会，以合适的方式传达信息，达到营销目的。

（三）市场细分方法

市场细分没有统一的标准。不同商品、不同环境需要用不同的标准或细分变量（地理变量、人口变量、心理变量、行为变量四种）才能科学合理地细分市场。

对市场分割得越细，对市场的了解就越准确，但同时每个细分市场上的消费者数量就越少。因此，细分市场的关键在于将市场细分到何种程度。另外还要考虑目标细分市场是否易于接近，媒体是否可以有效地影响到该目标群体，能不能制定出相应的方案，有没有充足的资金针对这个群体展开营销活动，有没有足够的渠道铺货能力使产品迅速覆盖所有预定区域。

1. 地理细分

地理细分是指把消费市场按国家、地区、城市大小、人口密度、气候、地理特征等划分为不同的地理区域。地理细分要求把市场划分为不同的地理区域，如国家、州、地区、县、城镇或街道。企业可以在一个或一些地理区域经营，也可以在所有地区经营，但要关注当地的差异。例如，希尔顿酒店（Hilton Hotels）根据地域定制酒店房间和大堂：东北部的酒店更时尚，富有都市风格；西南部的酒店则更具乡村韵味。沃尔玛（Walmart）、西尔斯·罗巴克（Sears and Roebuck）等大型零售商允许当地经理根据当地的情况储备产品。地域营销越来越意味着针对某个邮政区域展开营销。有些方法还将地理数据与人口数据结合起来，生成更加丰富的关于消费者和所在区域的描述。

2. 人文细分

人文细分是指将消费市场按年龄、家庭类型及生命周期阶段、性别、收入、职业、受教育水平、宗教信仰、种族、代沟、国籍等划分为不同群体。这是一种最普遍的消费者市场细分方法，原因之一是消费者的欲望、偏好和使用率经常与人口变量相关；另一个原因是人口变量比较容易衡量。即使目标市场是根据非人口因素（如性格类型）描述的，为了预测目标市场的大小和能有效抵达目标市场的媒体，仍需要回过头来考虑人口特征。

3. 消费心理学与生活方式细分

消费心理学与生活方式细分是指根据消费者的社会阶层、生活方式、个性特点、价值观念等将市场划分为不同的群体。心理变量是细分市场和描述目标市场的重要因素，属于消费者特征的范畴。在心理变量的具体分析中经常使用生活形态这个概念。所谓“生活形态”，是指一个人整体的生活方式，包括态度、信念、意见、期望、畏惧、动机、活动，甚至偏见等特质，也反映一个人对时间、经历以及金钱支配方式的态度。在消费心理学与生活方式细分中，购买者根据其生活方式、个性特点或价值观被划分成不同的群体。属于同一人口群体的人可能表现出差异极大的心理特征。

4. 消费行为细分

消费行为细分是指根据消费者的购买时机、追求的利益、使用状况和使用频率、品牌忠诚度、态度等方面将市场划分为不同的群体（表2–1）。决策角色就是这样一个变量。人们在一项决策中扮演五种角色：发起者、影响者、决定者、购买者和使用者。例如，妻子要求丈夫在其生日送辆踏车作为生日礼物，从而发起了一项购买。丈夫可能通过很多途径查找信息，包括拥有踏车的朋友，这位朋友就成了考虑何种款式的关键影响者。丈夫将各种选择交给妻子过目后，购买了妻子选中的那一款踏车。这辆踏车最后被全家人使用。不同的人扮演着不同的角色，但在购买过程中和最终的消费者满意度方面都是非常重要的。

许多营销者相信，行为变量——场合、利益、使用者状况、使用率、忠诚度状况、购买者的准备阶段以及态度，是建立细分市场的最佳出发点。

表2-1　消费者市场的主要细分变量

地理变量	详细说明
地区	东部，西部，中部，南部，北部
城市规模	＜5000人，5000~20000人，20000~50000人，50000~100000人，100000~250000人，250000~500000人，500000~1000000人，1000000~4000000人，≥4000000人
人口密度	市区，郊区，乡村
气候	热带、亚热带，潮湿、寒冷
人口变量	**详细说明**
年龄	＜6岁，6~11岁，12~19岁，20~34 岁，35~49岁，50~64岁，≥65岁
家庭规模	1人，2人，3人，4人，5人，≥6人
家庭生命周期	年轻，单身；年轻，已婚，无子女；年轻，已婚，最小子女不到6岁；年轻，已婚，最小子女6岁以上；较年长，已婚，与子女同住；较年长，已婚，子女都过18岁；较年长，单身；其他
性别	男性，女性
年收入	＜10000美元，10000~15000美元，15000~20000美元，20000~30000美元，30000~50000美元，50000~100000美元，≥100000美元
职业	政府和社会行政人员，管理人员，私营企业主，专业技术人员，职员，自己经营的工业家和商人，餐饮业人员，工人，农民和城市失业人员或失业及半失业人员
受教育程度	小学或以下，初中毕业，高中毕业，职业学校毕业，专科毕业，大学毕业，硕士及以上
民族	汉族、满族、回族、藏族及蒙古族等
国籍	中国、日本、韩国、美国、英国、法国、德国、意大利等
心理变量	**详细说明**
生活方式	文化导向型，运动导向型，户外导向型
个性	被动型，交际型，权力型，野心型
行为变量	**详细说明**
场合	普通场合，特殊场合
利益	质量，服务，经济，速度
使用者状况	从未用过，以前用过，有可能用过，第一次使用，经常使用
使用率	偶尔使用，适度使用，频繁使用
忠诚度	没有，适度，强烈，绝对
准备阶段	未知晓，知晓，已了解，有兴趣，想得到，企图购买
对产品的态度	热衷，积极，不关心，否定，敌视

（四）选择细分市场

在对细分市场进行评价后，可从以下五种目标市场模式中选择一种细分市场。

1. 密集单一市场

密集单一市场是指企业从所有的细分市场中选择一个细分市场，并生产、提供单一产品，服务于该单一市场，进行集中营销。

2. 产品专门化

产品专门化是指企业向不同类型的市场提供同一种产品。

3. 市场专门化

市场专门化是指企业向同一市场提供各种产品或服务，以满足该市场顾客群体的需求。

4. 有选择专门化

有选择专门化是指企业从所有的细分市场中选择若干个有吸引力的、符合企业自身实力及目标的细分市场，并生产、提供不同种类的产品，服务于上述不同类型的市场。

5. 完全覆盖市场

完全覆盖市场是指企业生产各种不同的产品并有针对性地满足不同细分市场的需求，通常适用于实力雄厚的大型企业。需要注意的是，完全覆盖市场并不是不经过细分的盲目覆盖，而是在市场细分的基础上，有针对性地开展营销活动。例如，可口可乐公司有针对性地为不同的顾客群体提供不同类型的饮料。

（五）目标市场选择

目标市场选择是指企业在市场细分之后，首先评价所有的细分市场；其次从中选择一个或几个有利可图的细分市场进入。由于每一个细分市场都蕴含着不同的市场机会，因此，选择目标市场就成为企业选择市场机会的关键。

四、行业及竞争分析

如果一家企业的产品和服务与其他企业的产品和服务类似，那么它是无法取得成功的。此外，要有效地设计和实施最佳的品牌定位战略，企业就必须仔细留意竞争对手。市场中的竞争非常激烈，只了解顾客是绝对不够的。企业有效地对自己的产品和服务进行定位和差异化，才能获取竞争优势。

（一）企业在竞争中地位

1. 市场的领导者

许多行业都有一个被公认的市场领导者公司，如微软（Microsoft，计算机软件）和麦当劳（McDonald，快餐）。市场领导者在相关产品市场中占有较大的市场份额，通常在价格变动、新产品推介、分销覆盖和促销强度上对其他公司起领导作用。除非一个占统治地位的公司享有合法的垄断权，否则它必须时刻保持警惕以免错失重大的发展机遇。竞争产品创新就是一种发展，当挑战者不受拘束地花钱，市场领导者却在支出上很保守时，它就可能需要降低更多的成本来获得利润，或者它可能因错误地判断了竞争形势而使自己被抛在后面。另一个风险是，相对于新兴的、劲头十足的竞争对手，占统治地位的公司会显得过时。

要想保持第一的地位，市场领导者需要在三条战线采取行动：第一，必须扩大总体市场需求。第二，必须通过出色的防御和进攻行动来保护现有的市场份额。第三，即使在市场规模不变的情况下，仍可以努力进一步扩大自己的市场份额。

2. 市场的挑战者

市场挑战者必须首先确定自己的战略目标，大多数的目标是提高市场份额。接着，挑战者必须决定对谁进行攻击。如果市场领导者没有很好地服务于市场，攻击市场领导者就是一个高风险的、有潜在高回报的战略。市场挑战者还可以攻击那些与自己规模相仿，但经营不佳且财力不足的公司，这些公司产品过时、价格过高，或者在某些方面不能令顾客满意。第三种选择是攻击小型的本地公司和地区性公司，这种做法有可能把这些小竞争者都赶出市场，就像一些大银行驱逐小银行一样。

3. 市场的追随者

西奥多·莱维特（Theodore Levitt）教授认为，产品模仿战略可能与产品创新战略同样有利可图。创新者要承担开发新产品、进行分销和教育市场的巨大开支，这些工作和风险的回报通常是取得市场领先地位——即使另一家公司可以仿制或改进新产品。追随者虽然可能无法赶上市场领导者，但也能实现高利润，因为它不用负担任何创新费用。

许多公司宁愿追随市场领导者而不是向其挑战。这种模式在钢铁和化工等行业中很常见，这些行业中产品差异化和形象差异化的机会很少，服务质量经常相仿，价格敏感性很高，攫取短期市场份额的做法只会招致报复。因此，大多数公司通常通过仿制市场领导者的产品，向购买者提供相类似的供应品，使得市场份额保持高度的稳定。

4. 市场的补缺者

还有一种选择是成为小市场中的市场领导者，即市场的补缺者。较小的公司通常通过瞄准大型公司不感兴趣的小市场，避免与大型公司竞争。例如，罗技国际公司（Logitech International）以各种充满想象力的方式改变计算机鼠标，从而在世界各地扩展市场。在该补缺市场的成功，使罗技国际公司可以扩展到其他增长性的补缺市场，如游戏杆和互联网摄像头。

通过对几百家业务单位的研究，战略规划研究所（Strategic Planning Institute）发现，小市场的投资回报率平均为 27%，而较大市场仅为 11%。主要原因是市场补缺者比其他偶尔向补缺市场销售的公司更了解目标顾客，更能够满足他们的需要，结果就是市场补缺者可以在成本以上索要较高的价格。补缺者获得的是较高的利润，而大众市场营销者获得的是较大的销量。

甚至许多大公司也日益开始建立业务单位或品牌，服务于特定的补缺市场。补缺中的关键概念是专业化。由于补缺市场可能衰退，公司必须不断建立新的补缺市场，扩大补缺市场，并保护自己的补缺市场。通过在两个或更多的补缺市场中建立优势，公司能增加生存的机会。

（二）企业竞争战略

在竞争环节，通常可以从三个基本角度入手加强产品的竞争优势，而这三个角度的选择，在一定程度上决定了营销活动展开的思路。

从有助于企业成功的最基本的要素上着眼，可以发现产品、消费者、产品价位的不可替代性，由此总结出这三个基本角度：①从产品的角度出发，提供产品差别化思路；②从消费者的角度出发，提供锁定特定目标消费者群的思路；③从价格优势的角度出发，为产品开发出基本竞争优势的思路。依据这三种思路，可以采取以下三种竞争战略。

1. 成本领先战略

成本领先战略也叫低价策略，是指企业的成本低于同行其他企业的成本。在20世纪70年代，成本领先战略非常流行。企业以低成本为目标，通过一系列整体策略措施，做到在行业中成本领先。而在成本领先的基础上推行的低价营销策略，则要求在营销和促销策略上给予配合。

低价策略并非指其产品价位、品质在主观上绝对偏低，而是一个相对的观念，即相对于竞争对手而言具有价格竞争优势。这种策略不以品牌佳或营销多为主要诉求，只求满足目标市场对核心产品的需求，逐渐以量取胜，以朴素的产品和品牌形象渗透市场，获得规模经济。

如果竞争对手也采用低价战略，就必须考虑其资产、技术市场、推广能力等基础与自己相比是强是弱，然后采取相应的策略。

2. 差异化战略

“差异”一词是广义的，不仅指产品差异，还包括产品设计方案、商标、工艺、产品特色款式、服务、网点等方面的差异，企业可能在其中几方面与同行业相比有独到之处。当然，采用差异战略不应忽略各项成本，只是此时不以成本为最主要战略目标而已。差异化战略有以下几点主要内容。

（1）追求产品品质优异化，创造独家所有，确保市场占有率小但投资回报高。

（2）追求产品的可靠度优异化，稳定、可靠、标准化。

（3）追求产品的专利权优异化，以专利保护技术创新，以此区隔市场。

（4）追求产品创新力优异化，技术第一，确保产品的先进性。

（5）追求产品周边服务的优异化。

（6）追求产品附加值优异化，创造特性和附属性功能。

（7）追求售前、售后服务优异化。

（8）追求品牌优异化，强调品牌诉求突出、形象鲜明。

3. 集中战略

集中战略指企业将策略焦点集中在某一特定的消费者群体、某产品系列或某一特定的地区市场上，以求在局部市场取得竞争优势。集中战略放弃了全面的市场差异化或低价诉求，因而可以为特定的市场目标提供最有效、最优质的服务，成为小市场中的巨人。

大部分中小企业既无尖端技术和经验，又缺少大规模生产和大规模占有市场的能力，缺少可动员的资源，因此，低价策略和差异化战略均无法实施。对于它们而言，集中战略是首选之策。该战略的成功要求企业发现需求非常独特且专业化，以至于业内一般竞争对手根本不去服务的细分市场，或者找到业内竞争者做得很差的细分市场。如果采用集中战略，营销活动就要配合品牌或产品在一个小市场中的培育过程，相应地，其营销费用也比关注大市场的策略更少。

由于消费者最终通过购买和使用产品对某品牌产生正面或负面的印象，产品本身的品质、特性以及与竞争对手相比具有哪些差异是品牌能否在市场上获得消费者认可的重要因素。

五、SWOT分析工具

（一）SWOT界定

所谓SWOT分析，即基于内外部竞争环境和竞争条件下的态势分析，将与研究对象密切相关的各种主要内部优势、劣势和外部的机会和威胁等通过调查列举出来，并依照矩阵形式排列，然后用系统分析的思想，把各种因素相互匹配起来加以分析，最后得出一系列相应的结论，结论通常带有一定的决策性。

运用这种方法，可以对研究对象所处的情境进行全面、系统、准确的分析，从而根据研究结果制定相应的发展战略、计划及对策等。按照企业竞争战略的完整概念，战略应是一个企业“能够做的”（组织的优势和劣势）和“可能做的”（环境的机会和威胁）的有机组合。

（二）SWOT分析工具

1. 优势与劣势分析（SW）

内部要素，是指企业自身可以控制的变量，包括企业的研发技术、专利、分销渠道、产品覆盖面、定价策略、品牌定位、品牌知名度、财务实力、品牌形象、企业声誉、企业文化等。这些变量在与竞争对手进行比较后划分为优势与劣势。优势是企业所能利用和控制的资源，为自身带来诸多竞争对手所得不到的利益；劣势则是企业相对于竞争对手所表现出来的尤其是被消费者所感受到的差距。

由于企业是一个整体，并且竞争优势的来源具有广泛性，在做优劣势分析时必须从整个价值链的每个环节对企业与竞争对手做详细对比，如产品是否新颖、制造工艺是否复杂、销售渠道是否畅通、价格是否具有竞争性等。如果一个企业在某一方面或几个方面的优势正是在该行业应具备的关键成功要素，那么该企业的综合竞争优势也就强一些。需要指出的是，一个企业及其产品是否具有竞争优势，只能站在现有和潜在用户的角度而不是站在企业的角度衡量。

2. 机会与威胁分析（OT）

外部要素是指企业难以控制或无法控制的事情，包括竞争活动、相关法律和政策、企业所处社会经济环境和市场环境的变化等。这些要素对企业所产生的影响分别是机会或威胁。机会是指随着社会经济或市场环境的变化，市场上出现的有利于企业发展或有利于产品销售的态势；威胁则是指随着社会经济或市场环境的变化，市场上出现的不利于企业发展或产品销售的态势。

替代品限定了公司产品的最高价。替代品对公司不仅产生威胁，也可能带来机会。企业必须分析替代品给公司的产品或服务带来的是“灭顶之灾”，还是提供了更高利润或价值；购买者转而购买替代品的转移成本；公司可以采取什么措施以降低成本或增加附加值来减少消费者购买替代品。

3. 整体分析

从整体上看，SWOT分析可以分为两部分：第一部分为优势和劣势，主要用来分析内部条件；第二部分为机会和威胁，主要用来分析外部条件。利用SWOT分析方法可以找出对自己有利的、值得发扬的因素，以及对自己不利的、要避开的因素，发现存在的问题，找出解决办法，并明确以后的发展方向。根据SWOT分析，可以将问题按轻重缓急分类，明确哪些是急需解决的问题，哪些是可以稍微拖后一点儿的事情；哪些属于战略上的障碍，哪些属于战术上的问题。然后将这些列举出来，依照矩阵形式排列，将各种因素相互匹配起来加以系统分析，得出一系列相应的结论，以利于领导者和管理者做出较正确的决策和规划（图2-6）。

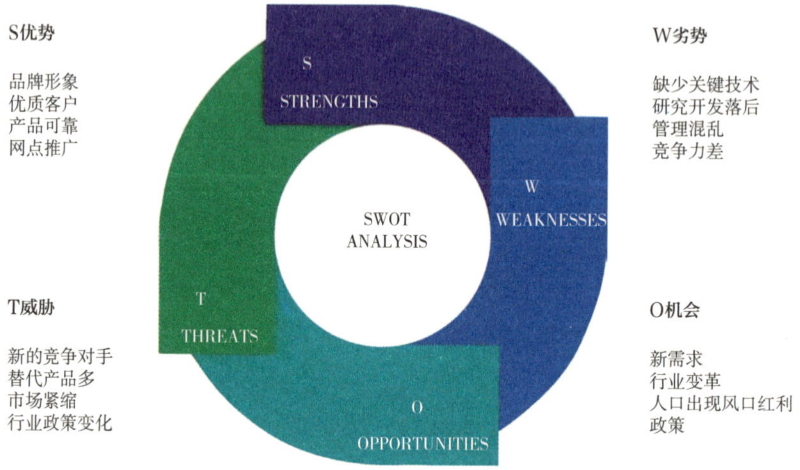

图2-6 SWOT分析图

4. SWOT分析工具使用方法

品牌管理人员在使用SWOT分析工具时，绝不只是对自身品牌的优劣势和所处环境的机会与威胁进行分析，而是应该按照以下两个步骤使用。

（1）以目标消费者为中心展开分析。

在对企业的外部要素，即由于环境的变化所形成的机会和威胁进行分析的过程中，营销传播人员站在企业或行业的角度思考问题，对于企业的内部要素，即企业与竞争对手相比较有哪些优势或劣势，则要复杂得多。比如，在具体的实践中，某企业的高层主管在与竞争对手比较后认为本企业的优势在于拥有较高文化素质和专业技能的员工，该企业的营销经理则认为企业的优势在于建立了较为完善的销售渠道体系，但是经过市场调研发现，消费者对该企业的品牌产品与竞争对手的品牌产品的评价并没有什么差异。因此，企业的营销传播管理人员在运用SWOT分析工具时，应以消费者为中心，以4C（消费者、成本、便利和沟通）的观点思考和解决问题，通过对目标消费者深入调研，从目标消费者的立场和角度分析企业品牌相比于竞争对手到底存在哪些优势或劣势。

（2）排列SWOT要素的先后次序。

企业的营销传播管理人员在对SWOT各要素进行分析并作出基本的判断后，就要根据这些要素的重要程度排列先后次序。在具体排列的过程中，有许多因素需要考量。就大多数企业和产品而言，以下四个方面的因素是需要着重考量的。

①如果企业所面对的威胁或自身所存在的竞争劣势没有及时处理，将会对品牌形象和品牌资产造成多大的损失。

②如果企业所面对的机会或自身所存在的竞争优势能够及时利用，企业将会获得多少实际利益。

③企业处理或利用每个SWOT要素所需投入的成本是多少。

④企业处理或利用每个SWOT要素所需花费的时间是多少。

对SWOT各项要素进行量化打分之后，接下来企业就可以根据分数的高低将急需利用和解决的要素予以排序。在图2-4中企业需要利用的优势和机会置于中线的上方，需要克服的劣势和威胁则置于中线的下方，延伸到超出虚线的SWOT要素显然就是企业最需要利用或处理的要素。虚线是各个企业根据自身的经验予以确定的。

企业对需要利用和解决的SWOT要素排序之后，就可以清楚企业的工作目标，即企业应该在最短的时间里尽可能地利用环境变化所带来的机会并努力发挥自身的竞争优势，努力减少由于环境变化所造成的威胁或避开自身在竞争中的劣势。虽然企业很少有充足的时间和资源克服或利用所有已经发现的SWOT要素，但这种量化分析及排序的方法还是可以帮助企业在制定整合营销传播战略时明确自己的方向。

• 课后习题

对大窑嘉宾品牌进行总体环境分析，并使用PEST分析法。

第三章 数字营销新模式

| 教学重点 |

本章主要介绍数字营销新模式，分析内容营销、社会化媒体营销、微电影营销、短视频直播营销、搜索引擎营销、KOL营销模式。通过本章的学习，学生能够掌握社会化媒体营销模式，学习运用数字营销模式新方法论，了解社会化媒体营销分析、4W1H方法论、KOL营销模式分析等。

| 教学重点 |

1.掌握社会化媒体营销模式。

2.学习运用数字营销模式新方法论。

3.掌握微博营销的定义和特征。

| 推荐阅读 |

[1]阳翼. 数字营销[M]. 北京：中国人民大学出版社，2015.

[2]吴健安，郭国庆，钟育赣. 市场营销学[M]. 北京：高等教育出版社，2000.

| 教学训练 |

学生结合案例及其目标消费者的特点，提出更多数字营销的创意，并对学生的学习情况进行评估。小组讨论什么是数字营销新模式，消费者数字媒体使用行为的特征是什么，数字营销对品牌有何价值。通过讲座或评审实践作业，提升学生设计创新和思考能力。

案例 数字时代的营销与品牌

三只松鼠股份有限公司成立于2012年，总部位于安徽芜湖，是中国第一家定位于纯互联网食品品牌的企业，也是当前中国销售规模前列的食品电商企业，其主营业务覆盖坚果、肉脯、果干、膨化等全品类休闲零食 。2019年，其全年销售额突破百亿元，成为零食行业首家迈过百亿门槛的企业。2019年7月12日，三只松鼠股份有限公司在深圳证券交易所创业板上市，被誉为“国民零食第一股”。

一、销售模式

三只松鼠主要以互联网技术为依托，利用商对客电子商务模式（B2C）平台实行线上销售。凭借这种销售模式，三只松鼠迅速开创了一个以食品为产品的快速新型食品零售模式。这种特有的商业模式缩短了商家与客户的距离，确保让客户享受到新鲜、完美的食品，开创了中国食品利用互联网进行线上销售的先河。

二、建立极致口碑

三只松鼠是如何将口碑做到极致的?

（一）品牌人格化：消费者零距离

当客户第一次接触三只松鼠，会在第一时间留下深刻印象的，就是那三只可爱的松鼠——鼠小贱、鼠小酷、鼠小美。

三只可爱松鼠的“萌”营销只是表层原因，直接赋予品牌以人格化，以主人和宠物之间的关系替代了传统的商家和消费者之间的关系，这才是三只松鼠的本质意义。

客服以松鼠宠物的口吻与顾客交流，顾客成了主人，客服成了宠物。于是，客服可以撒娇，可以通过独特的语言体系在顾客脑中形成更加生动的形象。这样一种聊天方式把整个交易过程转化为一种互动化的戏剧性的沟通过程。

三只松鼠，实际上已经实现了品牌人格化。借助主人文化和三只可爱的松鼠，品牌不再高高在上，而是亲切、真实，体验感极强。随后，创始人兼董事长章燎原干脆将品牌人格化写入了企业的战略规划。

（二）深入人性：售卖流行文化和人文关怀

流行文化具有转瞬即逝的特点。章燎原清醒地意识到，三只松鼠必须有一个经久不衰的定位，并且及时随着时代的潮流调整其内涵。

如何定位呢？文化具有最持久的生命力。那么三只松鼠代表哪种文化呢？人爱吃零食，其本质并非为了满足生理需求，而是某种情感需求。章燎原发现，很多分享的"主人"会提到"我和男朋友吵架了""我看见松鼠了""我出去旅游了"，"主人们"往往在这些场景之下想到三只松鼠。章燎原认为，三只松鼠之所以会受到人们的喜爱，是因为它们能够带来快乐，并且随时嵌入消费者的生活之中。在这种理念之下，三只松鼠成立了安徽松鼠萌工场动漫文化有限公司，他们希望可以创作出互联网动画片、动漫集、儿童图书，为"主人"带来快乐。

（三）在所有细节上超越客户期望

消费者在购物之后，往往会通过社交化媒体，如微信朋友圈分享自身的购物体验，称为"晒"。

消费者往往会晒比较炫酷的产品，或者分享喜悦、发泄抱怨。而这种情感的分享和传播，会影响朋友圈的购买行为。这是一个巨大的变革，也是一种商业领域话语权的更迭，这将是一个消费者主导的时代。

在这样一个消费者为王的时代，网络口碑将在品牌建设中起到重要的作用。章燎原利用逆向思维，思考了产品以外的一些细节，同时查阅了其他品牌的一些负面评价，发现都是源于产品质量本身的问题。最终，他得出了松鼠用户体验策略："在每个细节上都要超越用户期望，创造让用户尖叫的服务，才是核心竞争力"。

让客户尖叫的前提是找到其每一个痒点和痛点。比如，章燎原发现，消费者购买坚果肯定需要一个垃圾袋，于是，三只松鼠就在包装中放置了一个0.18元的袋子，虽增加了额外的成本，但消费者会被三只松鼠的细心和体贴关怀深深感动，这就是极致体验。连续制造"惊喜"，令消费者感动，三只松鼠将消费者的每一个需求点或者尖叫点串联起来，链接成线，最终给消费者带来惊喜。

三、传播营销

在当前的互联网环境下，快消品企业必须清醒看到：无传播，不营销，要敢于做网红。传统产品的互联网品牌要会讲故事、做网红，会折腾，才能让你的目标群体记住、传播。

（一）广告植入

在很多影视剧中都能看到三只松鼠的身影，或是以零食出现，或是以玩具公仔出现，广告总是植入得恰到好处，让人印象深刻。这些热播剧本身就极具吸睛效果，三只松鼠的传播效应得以进一步放大。从投资回报率上来看，这是一般硬广所不能企及的。

（二）微博营销

三只松鼠是标准的网红企业，章燎原是标准的网红企业家。网上搜索三只松鼠、章燎原几乎刷屏。三只松鼠已经成为众多大众媒体、小众媒体关注的焦点。众多媒体的关注，为三只松鼠创造了极高的社会影响。同时，三只松鼠与某些品牌、IP合作，只要转发微博就能获得抽奖资格，就有机会获得奖品，用户为了得到奖励主动转发微博，形成传播，三只松鼠也靠合作品牌、IP效应使自身得到了更多的关注。

四、极具效率的物流速度

作为B2C模式的企业，物流是无论如何也绕不开的坎，甚至可以说是成也物流，败也物流。例如，京东就非常重视物流，并且有自己的物流部门，在京东，晚5点前下单可以享受隔天就到的超快物流，超过5点会后天送达。同样，三只松鼠能够成为顾客中有口皆碑的品牌，其物流方面也是值得称道的。

三只松鼠的物流核心在于物流仓储智能化，简言之就是增强了每个地区的仓储控制，了解每个仓储的库存量、出货量和供货量等，严格控制仓储的标准，确保产品不会积压，保持产品的新鲜。在此基础上对全国物流仓储进行了重新规划，在全国建立了三大仓储中心，开发了信息化企业资源计划（ERP）系统以提升物流和产品响应速度，保证早上9点前订单当日达，其余订单次日达。这一切使供应链和物流环节更简便，缩短了从顾客下单到收货的时间，既确保了产品新鲜优质，又给予了顾客更优质的购物体验，使顾客不用再烦恼延期发货、产品损坏、物流过慢等问题，极大地提升了顾客的二次购买率和口碑转化率。

三只松鼠早已意识到物流对于B2C行业的重要性，其对供应链的管理和规划不留余力，斥资进行了大规模的筹建与管理，奠定了三只松鼠如今在电商坚果行业里的龙头地位。

五、数据服务是核心点

理解小数据最重要的是小数据是什么数据。

小数据是指天猫每一个用户的评价，以及天猫阿里的后台包括数据魔方、生意参谋提供的数据，还有社交互联网提供的数据。

这种小数据使三只松鼠成为一家可以由数据来管理供应链的企业，通过数据让其成为一家更有创意设计和营销的公司，体现企业的最核心价值观——把顾客真正当成主人，使三只松鼠成为一家真正以消费者为中心的企业。

大家做电商都知道一些常规的数据，其实大家最为关心的数据是天猫的店铺得分，可能大家都知道天猫每个店铺的三项得分。2012年，当章燎源表示创立三只松鼠的时候，他认为这三项得分对他来讲就是对传统商业的一场革命，那个时候章燎源就坚定地认为，要依托这三项数据的深度挖掘，让三只松鼠成为企业全数据化管理和全数据化运营的一家公司。从上线第一天起，三只松鼠始终在这些数据上保持着行业的领先性。

三只松鼠说的数据服务的核心点，是为了能够成为一家以消费者为中心的企业。所以章燎源第一个要提的是品牌搜索词。过去几年，将近一千万消费者在天猫平台购物的时候会搜索三只松鼠旗舰店。品牌搜索词也是给三只松鼠品牌部门制定的最重要的一个考核指标。章燎源表示，他们很多营销的行为、营销的理念和策略，都是围绕着用户能否搜索“三只松鼠”这四个字展开的。

现在购买零食产品的评价率为35%~40%，三只松鼠通过系统抓取这个数字，再在进行系统分类后，人为来判断评价。现如今，互联网倒逼企业必须以消费者为中心，消费者才是真正拥有话语权的核心。一个企业要想进步，必须学会利用这个数据打造和改进自我。

三只松鼠的成功离不开精准定位，离不开营销推广，离不开优质高效的物流服务，更离不了精细的数据服务。这四样因素整合在一起，所以三只松鼠成功了。

一、内容营销新模式

内容营销是指企业生产和传播的内容，能够吸引特定受众的主动关注。内容营销本质上是一种新的营销思维方式。在传统营销中，营销与内容是严格区分开的，内容满足受众的信息需求，营销则与内容争夺受众的注意力资源。而在大数据时代，企业实现了“找对人”“找对时间”“找对地点”“说对话”，营销真正实现了按需推送，对每一个消费者都能提供个性化的信息，更适时、适地、适度，且更艺术化地满足了目标消费者的需求（图3-1）。因此，营销变成了有价值的内容，营销和内容的边界开始交融，呈现出营销内容化、营销信息化的趋势。与其推送营销，不如推送内容，新媒体营销越来越重视内容营销。因此，企业借助社交平台和“自媒体”方式，直接生产内容，和用户直接互动，或者自主开发App应用，开设微博、微信账号，利用社交媒体发起话题，像这样进行各种形式的内容营销已经成为一种趋势。

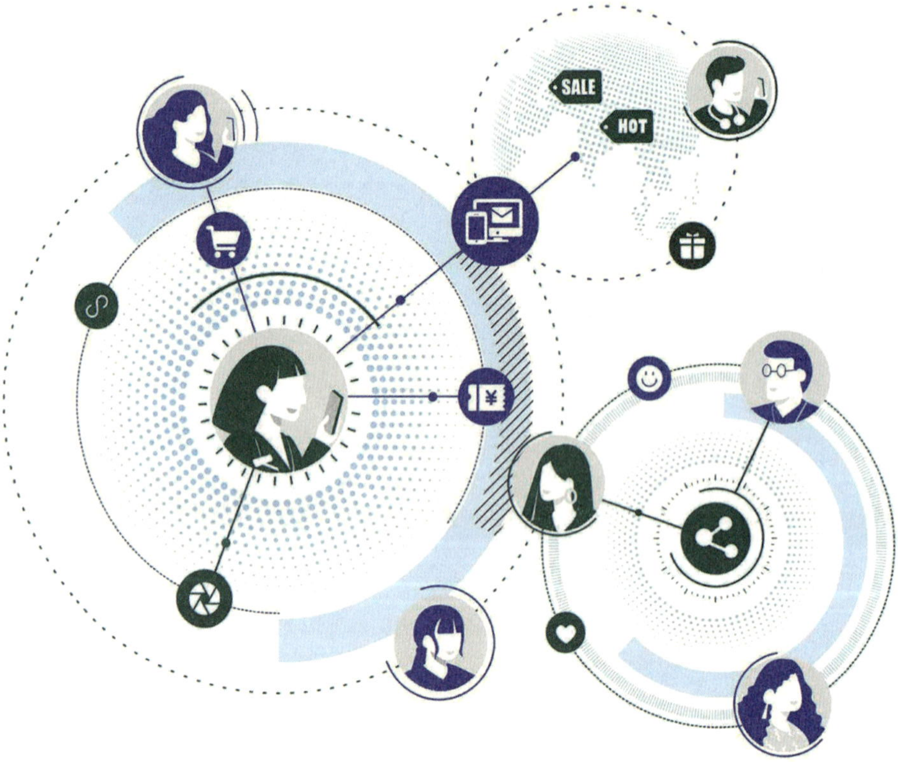

图3-1 内容营销

二、社会化媒体营销

社会化媒体营销是利用社会化网络、在线社区、博客、百科或者其他互联网协作平台媒体，进行营销、公共关系和客户服务维护开拓的一种方式。其又称社会媒体营销、社交媒体营销、社交媒体整合营销或大众弱关系营销。

（一）社会化媒体营销的定义

网络营销中的社会化媒体主要是指具有网络性质的综合站点，其主要特点是网站内容大多由用户自愿提供（UGC），而用户与站点不存在直接的雇佣关系。一般社会化媒体营销工具包括论坛、微博、微信、博客、SNS社区，图片和视频通过自媒体平台或者组织媒体平台进行发布和传播。

（二）社会化媒体营销的特点

社会化媒体营销的特点是长周期；传播的内容量大且形式多样；每时每刻都处在营销状态，与消费者的互动状态，强调内容性与互动技巧；需要对营销过程进行实时监测、分析、总结与管理；需要根据市场与消费者的实时反馈调整营销目标等。社会化媒体的崛起是近年来互联网的一个发展趋势。这些国内外的社交媒体极大地改变了人们的生活，将人们带入了一个社交网络的时代。社交网络属于网络媒体的一种，而我们营销人在社交网络时代迅速来临之际，也不可避免地要面对社会化媒体给营销带来的深刻变革。

（三）微博营销

微博营销是指通过微博平台为商家、个人等创造价值而执行的一种营销方式，也是指商家或个人通过微博平台发现并满足用户的各类需求的商业行为方式。微博营销以微博作为营销平台，每一个粉丝都是潜在的营销对象，企业利用更新自己的微博向网友传播企业信息、产品信息，树立良好的企业形象和产品形象。每天更新内容就可以跟大家交流互动，或者发布大家感兴趣的话题，以达到营销的目的，这样的方式就是互联网新推出的微博营销。

该营销方式注重价值的传递、内容的互动、系统的布局、准确的定位，微博的火热发展也使得其营销效果尤为显著。微博营销涉及的范围包括认证、有效粉丝、朋友、话题、名博、开放平台、整体运营等。

1. 定义

微博是一种通过关注机制分享简短、实时信息的广播式的社交网络平台。其中有五方面的理解：

（1）关注机制：分为单向、双向两种。

（2）简短内容：通常为140字。

（3）实时信息：最新实时信息。

（4）广播式：公开的信息，谁都可以浏览。

（5）社交网络平台：把微博归为社交网络。

2. 特征

微博营销是以传播学理论为基础，以营销学经典理论与案例为指导，集成以往网络媒介营销手段的一种营销途径。但是微博营销依然表现出个性的特征：

（1）注册简单，操作便捷，运营成本较低，方便实现“自营销”。

微博具有媒体属性，是将信息广而告之的媒介，但与其他媒体相比，微博注册免费、操作界面简洁、操作方法简易（所有操作都基于信息发布、转发、评论），又有多媒体技术使信息呈现形式多样。运营一个微博账号，不必花大价钱架构一个网站，不必有多专业的计算机网络技术，也不需要专门拍一个广告，或向报纸、电视等媒体支付高额的时段广告费用等。充分利用微博的“自媒体”属性，做好“内容营销”即是微博营销的王道。

（2）微博营销的“品牌拟人化”特征更易受到用户的关注。

在社交媒体时代，传播强调人性化与个性化，“官方话”和“新闻稿”在严肃事件中扮演信用角色，但在这样一个社交与娱乐至上的场所就显得格格不入。企业用一个很人性化的方式塑造一个自身的形象，不仅可以拉近和受众的距离，达到良好的营销效果，而且品牌的美誉度和忠诚度会大大提高。

品牌拟人化，是指通过饱含个性、风趣、人情的语言，使品牌账号富有“人”的态度、性格与情感，真正与消费者互动，从而获得消费者的认可。这种认可不是传统的单纯的买卖关系，也不是粉丝的追捧，而更像是建立并维系一种“友情”关系。这样，品牌的忠诚度和美誉度就很强，用户就会支持这个企业的产品，还会主动地参与到品牌的塑造过程中，这也是实现口碑营销的绝佳途径。在SICAS的消费行为模式时代，品牌拟人化更能在每一项消费环节中发挥作用。

（3）多账号组成的微博矩阵，在保持整体协作的企业文化的同时，便于针对不同的产品受众进行精准营销。

微博矩阵是指在一个大的企业品牌之下，开设多个不同功能定位的微博，与各个层次的网友进行交流沟通，达到360°塑造企业品牌的目的。换句话说，矩阵营销是内部资源在微博上的最优化排布，以达到最大效果。

（4）微博造星，可以借助知名微博主的影响力进行营销。

微博的传播机制建立在六度分割、二级传播等人际传播理论的基础之上，微博中的社交关系是现实社交关系链的扩张性虚拟迁徙。微博的影响力同时也代表了一种关系的信用值，按照新浪微博的计算方法，微博影响力由活跃度（原创微博、转发次数、评论次数、私信数）、传播力（原创被转发与被评论数）和覆盖度（粉丝数量）共同决定。借助拥有大量粉丝人气和较高影响力的微博主的平台，一则可以和更多的潜在用户接触、“发生关系”，达到广而告之的效果；二则扮演意见领袖的人往往也具有消费引导的功能。或是具有某些专业领域的特征，或是一些生活趣味的汇集，或是提供娱乐讯息，或是对社会热点有明晰的评论与态度，或是仅仅靠语言个性魅力打动人……微博是无可争议的自媒体，凭借具有大量粉丝的微博账号做推广，也是一种营销的方法。值得一提的是，这种方法和渠道多为营销公关公司利用，开展专业的微博营销有偿服务业务，且根据粉丝数量的多少，不同的微博账户存在着收价等级。

（四）微信与公众号营销

微信营销是网络经济时代企业或个人营销模式的一种，是伴随微信的火热而兴起的一种网络营销方式。微信不存在距离的限制，用户注册微信后，可与周围同样注册的“朋友”形成一种联系，用户可以订阅自己所需的信息，商家通过提供用户需要的信息，推广自己的产品，从而实现点对点的营销。

1. 特点

（1）点对点精准营销。微信拥有庞大的用户群，借助移动终端、天然的社交和位置定位等优势，每个信息都是可以推送的，能够让每个个体都有机会接收到这个信息，继而帮助商家实现点对点精准营销。

（2）形式灵活多样。

位置签名：商家可以利用“用户签名档”这个免费的广告位为自己做宣传，附近的微信用户能看到商家的信息。

二维码：用户可以通过扫描识别二维码来添加朋友、关注企业账号；企业可以设定自己品牌的二维码，用折扣或优惠吸引用户关注，开拓O2O的营销模式。

开放平台：通过微信开放平台，应用开发者可以接入第三方应用，还可以将应用的Logo放入微信附件栏，便于用户在会话中调用第三方应用进行内容选择与分享。

公众平台：在微信公众平台上，每个人都可以打造属于自己的微信公众账号，并在微信平台上实现和特定群体的文字、图片、语音的全方位沟通和互动。

（3）强关系的机遇。微信的点对点产品形态注定了其能够通过互动的形式将普通关系发展成强关系，从而产生更大的价值。通过互动的形式与用户建立联系，互动就是聊天，可以解答疑惑、可以讲故事，甚至可以“卖萌”，用一切形式让企业与消费者形成朋友的关系，你不会相信陌生人，但是会信任你的“朋友”。

2. 微信营销优势

（1）庞大的腾讯用户基数，可靠的数据资料显示，在微信营销后的一年多时间内，微信的用户数量就达到了庞大的七亿，发展空间堪称恐怖。毫无疑问，微信已经成为当下最火热的互联网聊天工具。

（2）随着智能手机的普及，近几年，中国智能手机软件市场上微信已然占据了霸主地位。

（3）信息交流的互动性更加突出，虽然前些年火热的博客营销也有和粉丝的互动，但是并不及时。而微信就不一样了，微信具有很强的互动及时性，无论你在哪里，只要你带着手机，就能很轻松地同你的未来客户进行很好的互动。

（4）很多企业把微信当作移动微博，总是一味地向客户传达信息，而没有认真关注客户的反馈。有互动功能的，也只是在微信后台设置一些快捷回复的方案，这种缺乏人性化的沟通方式，极大地损害了用户体验，当客户的咨询无法得到满意的回复后，他们的选择就是取消关注。而人工微信客服的核心优势实现了人与人的实时沟通，此时客户所面对的是一个个专业、服务质量优秀的客服人员，对于客户的咨询可以给出满意的回复。

三、微电影营销

微电影不同于网络视频短片，它更偏向商业化，也更偏向于影视专业制作。微电影一定是一个故事，而且它的背后一定是商业驱动，一定是专业化的制作，一定能够有像商业电影一样的视觉与情感享受。

微电影营销能够节约交易成本，而交易成本的节约体现在企业和客户的两个方面。对于企业，尽管互联网需要企业有一定的投资，但是相比于其他销售渠道，其交易成本已经大幅降低，主要包括通信成本、促销成本和采购成本的降低。对于客户，无须销售人员主动寻找客源，而是让客户主动“送上门”，节约了人力资源以及成本。

互联网促销是一对一的，而且是消费者主动了解信息，并非强制性的。微电影营销是一种低成本、人性化的推广，可避免推销员对消费者的干扰，并通过信息和互动的对话和消费者建立长期良好的关系。

（1）更具吸引力。每个人都可能仅仅因为对微电影内容的好奇而播放、欣赏，一支普通的企业广告宣传片却无法吸引不相关观众的目光。

（2）更具亲和力。普通的企业宣传片纯粹以宣传自身为目的，容易引起观众的抵触情绪，而企业微电影的剧情、内容更容易让人接受。

（3）更具可看性。剧情赋予了企业微电影更丰富的表现形式，相对于千篇一律的企业宣传片，企业微电影可以包含更丰富的创意元素。

（4）更具传播力。好的微电影作品能够将企业品牌融入故事情节中，与观众产生情感共鸣，因观众的参与深度而更有利于传播。

微电影的逐步兴起，对苦于找不到新营销手段的营销公司而言，也是一次重要的机遇，不仅重新打开了他们的营销创意视野，还让他们有了整合上游影视娱乐闲置资源的机会（图3-2）。

图3-2 微电影营销

四、短视频、直播营销模式

（一）短视频营销模式

短视频是指在各种新媒体平台上播放的、适合在移动状态和短时休闲状态下观看的、高频推送的视频内容，几秒到几分钟不等。内容融合了技能分享、幽默搞怪、时尚潮流、社会热点、街头采访、公益教育、营销创意、商业定制等主题。由于内容较短，可以单独成片，也可以成为系列栏目。

短视频“种草”是消费者形成产品认知的关键一环，短视频“种草”可以理解为导购模式，流量决定了短视频能产生多高的经济效益。通过社交分享、多样化内容，实现用户的情感认同，促进用户从“种草”向“拔草”进军。短视频“种草”能够有效激发用户需求和转化效率，在激发“人性”的层面，比直播更加深入。前期沉淀越多的品牌，用户决策的速度就越快，转化效率也就越高。短视频种草对“90后”“00后”尤其见效，通过数据显示，越年轻的消费者对KOL的种草信赖度越高。而人群中表示有待观察的用户，实际上就是产品的潜在客群，内容的不断深挖和角度各异的展示刺激，更容易激发其“种草”后的“拔草”行为，同时为直播带货中的产品折扣销售做了内容铺垫。

（二）直播带货

事实上，直播带货并非新生事物，广播直播购物和电视直播购物可被视为直播带货的最初表现形式。在这两种直播带货模式下，主播通过广播或电视介绍产品，消费者收听广播或观看电视节目时拨打节目中公布的电话号码就可以实现购物。但是，随着信息技术的发展和互联网的普及，人们的社交活动越来越多地从线下转移到了线上，社交媒体平台获得了蓬勃发展的空间。

因为社交媒体具有丰富的表现形式，能够通过文字、图片、视频等多媒体手段与用户进行互动，赋予了一些“草根”网民展示才艺的机会，于是网红便随之出现。商家也从社交媒体的新变化中找到了开拓市场的渠道：一些网红利用社交媒体发布内容，然后引导粉丝在电商平台达成交易，网络带货渐具雏形。5G网络和WiFi的普及，推动了互联网直播行业的兴起，由于表现形式丰富，实时互动性强，能够提高用户黏性和访问时长，熊猫、虎牙、斗鱼等直播平台一度成为互联网行业的热点。2016年3月，蘑菇街率先上线直播电商功能，随后淘宝、京东等跟进，形成了平台、广告商、网红相互合作，通过网络直播方式进行商品介绍，共同分享产品销售收益的模式。至此，直播带货商业模式渐具雏形，也开始真正意义上获得迅速发展。

对于消费者来说，在直播间购买商品不仅价格更便宜，还能节省大量挑选、试错的时间和成本；对于企业来说，借用明星或网红直播带货，能增加品牌曝光度，提高产品转换率，提升销售效率。直播带货激活了消费市场，还在拓宽营销渠道、提升销售效率、强化产业链整合等方面发挥着重要作用，成为拉动经济增长的新引擎（图3-3）。

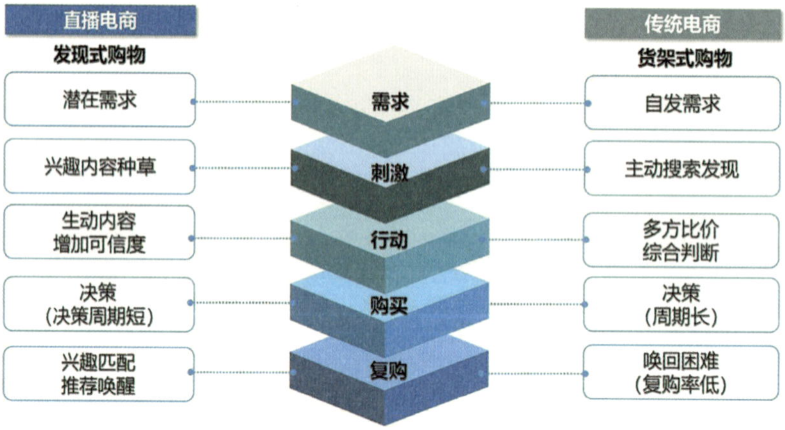

图3-3 直播电商

五、搜索引擎营销

搜索引擎营销（search engine marketing，SEM），简单来说，就是基于搜索引擎平台的网络营销，利用人们对搜索引擎的依赖和使用习惯，在人们检索信息的时候将信息传递给目标用户。搜索引擎营销的基本思想是让用户发现信息，并通过点击进入网页，进一步了解所需要的信息。企业通过搜索引擎付费推广，让用户可以直接与公司客服进行交流、了解，进而实现交易（图3-4）。

图3-4 搜索引擎

在介绍搜索引擎策略时，一般认为搜索引擎优化设计的主要目标有两个层次：被搜索引擎收录、在搜索结果中排名靠前。这已经是常识问题，简单来说，SEM所做的是以最小的投入在搜索引擎中获得最大的访问量并产生商业价值。多数网络营销人员和专业服务商对搜索引擎的目标设定也基本处于这个水平。但从实际情况来看，仅仅做到被搜索引擎收录并在搜索结果中排名靠前还不够，因为取得这样的效果实际上并不一定能增加用户的点击率，更不能保证将访问者转化为顾客或者潜在顾客，因此只能说是搜索引擎营销策略中两个最基本的目标。

SEM的方法包括SEO、付费排名、精准广告以及付费收录等。其特点包含以下几个。

（1）使用广泛；

（2）用户主动查询；

（3）获取新客户；

（4）竞争性强；

（5）动态更新，随时调整；

（6）投资回报率高；

（7）搜索引擎营销的基础是企业网络营销的信息源；

（8）搜索引擎传递的信息只发挥向导作用；

（9）搜索引擎营销是用户主导的网络营销方式；

（10）搜索引擎营销可实现较高程度的定位；

（11）搜索引擎营销需要适应网络服务环境的发展变化。

六、KOL营销模式

KOL营销一般是指品牌与具有影响力的人合作从而推广自家产品。当然，还有许多类似的营销方式，比如公司与专业人士达成合作，促使他们在社交媒体上推广公司产品，进一步提升品牌知名度。有一种比较专业且具有影响力的人被称为关键意见领袖（key opinion leader，KOL），KOL营销在最近变得非常流行。在中国，KOL已经成为一种十分引人注目的营销方式（图3–5）。

图3–5　KOL营销模式

KOL营销是指品牌与那些在特定领域具备专业知识的人合作。这些领域通常会在某种程度上与品牌的产品相关，或者至少会吸引对品牌产品感兴趣的人群的目光。

大多数的KOL营销都在线上进行，通常是在社交网络或社交视频网站上。在某些情况下，KOL已经在流行的小众博客上建立了自己的名声。

然而，并不是所有的KOL都是通过线上渠道积攒声誉的。其实，KOL营销的出现要早于互联网，我们可以把它当作名人营销（celebrity marketing）的一个子集。事实上，自从专家出现以来，KOL营销就一直存在。

不过，大多数的名人营销和KOL营销之间是存在区别的。假设一家企业选择与一位足球明星合作，以推广其服装。这是一种常见的名人营销方式，但并不是KOL营销，除非这位足球明星对运动时尚有着专业的理解和知识。然而，如果该品牌与同一名足球明星合作推广足球教练课程，或是对踢球有所帮助的新足球靴系列，那么可以考虑将其视为KOL营销。

你可能会注意到，各大品牌经常会在营销活动中与专家和科学家合作。假设这些人在相关领域具备相应的资格和经验，那么可以将其视为KOL营销，特别是如果他们有自己的受众。

然而，成功的KOL营销需要的不仅仅是专家，更依赖于那些能够影响人们行为的人。学术研究员可能是他们所在领域的专家，但如果他们躲在实验室里不与任何人交流，他们将很难对人们的意见或行为产生影响。

这使得KOL营销成为一种非常纯粹的网红营销方式，网红有能力改变他人的想法。理论上，网红都应该是KOL。但不幸的是，在实际中，并非所有网红都具有足够的专业知识来支撑他们成为KOL，有些人只是沟通领域的专家。

KOL赢得了极多的尊重，因为他们是各自领域的专家。KOL的言论会得到关注者的重视，并且能够很容易地影响他们所在的领域。因此，这会对他们选择合作的品牌产生相当大的流动效应。

如果一个KOL积极地提到了你的品牌，或者仅仅使用了某些产品，很多人就会认为这是对产品的认可。因此，这些关注者会尝试使用你的产品，而如果他们喜欢，就有可能会成为你的常客。

假设你生产跑车，如果一个著名的汽车作家对你的旗舰车型写了一篇积极的评论，很多人去阅读那篇文章，如果一部分读者主动选择购买这一车型，那么便可归功于这位汽车作家的评论。

如果你生产一种更便宜、更普通的产品，并且可能要面对多个竞争对手，那么KOL会产生更显著的比较效应。他们的认可会鼓励成千上万的人选择你的产品，而不是你的竞争对手。

与KOL合作还可以为你和你的产品塑造可观的口碑，尤其是当他们使用更为创新的技术，如举办比赛或类似TikTok Hashtag挑战之类的活动时，效果会更明显。

和网红营销一样，与传统的渠道相比，KOL营销能够带来更高的投资回报率（ROI）。你只需要确保你在参与KOL营销活动前设定了明确的目标，即你想通过这次活动达到什么目的。许多KOL活动的重点是提高品牌知名度或网站点击率，不一定非得增加销售额。

如果你选择了正确的KOL，那么你就可以拥有因为兴趣而聚在一起的观众。如果你在电视上做广告，你就会知道，不管你的产品多么出色，很多观众都不会对你的产品感兴趣。同样地，大家也会略过你的报纸广告，甚至不会接受免费的产品。然而，如果你和一个KOL合作，他会影响那些对你的产品感兴趣的人，你也将拥有志趣相投的关注者，无关人员也会减少。

你可以通过查看KOL之前发布的帖子和视频轻松确定其受众，根据他们在哪些平台建立自己的声誉，你能够挖掘受众的人口统计数据和心理特征，以确保他们适合你的品牌，他们的受众也能够与你的目标市场相匹配。

• 课后习题

根据三只松鼠及其目标消费者的特点，提出更多数字营销的创意。

第四章 数字时代的品牌与定位

教学目标

本章主要介绍品牌的基础概念及品牌定位决策、策略相关理论。通过本章的学习，学生能够掌握品牌的本质与构成，学习品牌形象与设计，了解品牌价值与品牌定位，掌握科学合理的品牌定位决策和策略。

教学重点

1.品牌的功能价值、附加价值、资产价值。

2.产品定位策略及目标市场定位策略。

推荐阅读

[1]钟伟. 品牌营销策划与管理[M]. 北京：科学出版社，2009.

[2]丁俊杰，董立津. 品牌——企业核心价值的开发[M]. 北京：中国工商出版社，2005.

教学训练

使学生对某品牌的品牌定位策略进行调研，调研内容包括本品牌及其竞争品牌的目标消费者、产品各自的优劣势、营销传播的策略比较等，在此基础上总结调研报告，最终对学生的学习情况进行评估。小组讨论品牌定位决策需要掌握哪些基本原则；品牌定位策划过程中最重要的环节是什么；同时，小组总结汇报思考过程及成果，并邀请专家对调研报告进行评审，提高学生自主学习能力、团队合作能力。

案例 挖掘草原酸奶根与魂，缔造酸奶“兰”海

在大乳企的压力下，区域中小乳企如何生存？

雪原乳业是内蒙古乌兰察布市集宁区的一家乳品企业，成立于1988年，凭借“差异化的品牌定位”和“聚焦发展模式”，成为专业生产凝固型酸奶的现代化企业。企业坚持“宽度一公分，深度十公里”的发展理念，从雪原白瓷瓶到兰格格、蒙古熟酸奶、蒙马苏里等具有蒙古特色的酸奶产品，凭借产品创新成为行业研究的标杆。

一、战略寻根：聚焦草原酸奶，细分领域建持续发展根基

战略的本质是“寻根”。根深则叶茂！没有根的战略，做不强、长不大。

内蒙古大草原，是公认的乳都。雪原乳业作为区域中小乳企，之所以能够进北京、上海一线城市，以及其产品成为外交部内蒙古全球推介会晚宴的主饮品，就是因为其奶源来自内蒙古大草原，产品品质好。因此，抢位草原酸奶，雪原乳业当仁不让，名副其实。这天赐的机遇，雪原乳业就要根植于草原酸奶，做细分领域的佼佼者。坚持“宽度一公分，深度十公里”的企业精神，成为世界草原酸奶的引领者。

二、品牌战略：主打兰格格品牌，逐渐收编雪原

中小企业往往产品多、品牌多。但多子未必多福，资源有限，雨露均沾一个也做不大。审视雪原乳业的产品，兰格格、蒙马苏里、熟酸奶，个性鲜明，似产品，像品牌，雪原品牌基本被雪藏，缺乏品牌统领。

雪原乳业目前处于品牌建设初期，必须做好品牌顶层设计，必须明晰主品牌，必须聚焦于一个品牌传播。不能推一个产品分一次资源，没有品牌统领，形不成品牌叠加效应，就无法积累品牌资产。

谁能担起品牌大任？是多年积淀的雪原？还是酸奶网红兰格格？从目前市场上看，雪原有市场基础，区内有市场认知。但是对雪原的认知是低端产品，形象认知不高。外埠市场接近无人知晓！兰格格，“600里草原急送”，让消费者记忆犹新。

从调研结果看，兰格格认知度高于雪原，蓝瓷瓶印象更是深刻。未来，雪原的主力市场不在内蒙，而在区外。基于目前市场、渠道及消费者认知度和影响力，兰格格

可能更适于进行品牌打造。兰格格，草原文化更浓，更适配品牌，一脉相承。

三、品牌灵魂：草原酸奶世家，亮出最大差异化

品牌就是塑魂。没有灵魂的品牌，如行尸走肉，难以存活于心。品牌就是要有血、有肉、有灵魂！品牌灵魂是基于人性的用户价值满足、共鸣与召唤。

同在大草原，兰格格做酸奶有啥不同？雪原乳业地处乌兰察布，这里是草原酸奶核心区。雪原祖上崔氏家族从1886年开始做酸奶。四代人，一件事，立足草原，专做好酸奶。做酸奶，雪原四代传承，是世家。从发展族谱，为兰格格找到品牌灵魂——草原酸奶世家，始于1886年，很巧合与可口可乐同一年。

在品牌话术上，草原鲜奶，草原发酵，草原急送，将“草原”之根用足。让消费者一下就能感知到“草原酸奶世家”的独特价值，在同质竞争中树立鲜明差异化。

四、品牌图腾：草原酸奶第一罐，品牌互动大IP

品牌图腾是人人都看得懂的形象载体，通过人们熟悉的形象载体，让陌生的品牌快速成为老朋友。在品牌建设与营销传播中，一个好的品牌图腾抵得上千军万马。

兰格格为品牌图腾创意名称——草原酸奶第一罐。这是权威、是尊严、是承诺、是信誉。其现在正在打造成乌兰察布城市地标，同时在营销活动中，使之成为传播重器，成为关注的焦点。

文化最软，但文化又最硬。一部兰格格品牌创业史，就是一部草原酸奶发展史。自1886年起，崔氏世居兴和，擅长酸奶制作。因临毛驴巷，得名崔毛驴酸奶。20世纪初，商道重镇土牧尔台开店，这里商贾云集，崔氏酸奶借草原商道，名扬西北。1988年，崔氏四兄弟，继承四代酸奶世家精粹，传承蒙古传统酸奶技艺，创建雪原乳业。2015年，“600里草原急送”，兰格格直供北京。2017年，在外交部内蒙古全球推介大会上，兰格格获高度盛赞。四代人，一件事。立足草原，专做草原好酸奶，赢得社会尊敬，成为品牌重要资产。

五、产品策略：产品夯实战略，打造草原酸奶家族

产品是战略工具，产品线是战略部队。制定合理的产品开发战略，是实现战略目标的基础。

草原酸奶是战略之根，兰格格是企业主品牌，要从产品到品牌升级，不能是一个人在战斗。其他有特色的产品要装到“兰格格”这个独特的瓶子和品牌里面去，实现”一托N”品牌势能的释放。从熟酸奶和蒙马苏里开始，导入兰格格基因，产品名称标准化，成为草原酸奶“三剑客”。

聚焦高端低温酸奶，放弃低端酸奶，将企业研发的新品，如啤酒酸奶、咖啡酸奶等，直接放弃。让主力更主力，使草原酸奶基因更纯正。

同时，对兰格格大单品进行系列化，增加小兰、大兰等，不同规格，同时开发黑莓味、八旗菌等畅销产品，以满足现代人不同场景需求。从产品到品牌再到家族，兰格格品牌战略迈出坚实一步。

六、市场推广：非常1+5，全面招商，快速出击

“1”是一个中心，跑马圈地。

不要死盯内蒙古和北京，把人撒出去，把网建起来。在招商过程中坚持“先面后点，先大后小，先粗后细”的指导方针，按物流线进行市场布点。以伊利、蒙牛等大品牌低温酸奶经销商为主，逐渐扩展到有实力的低温奶品牌经销商。全面招商，是营销工作的重中之重。

“5”是五个基本点，以小博大。

基本点一：聚焦行业传播，打造行业品牌和渠道品牌。通过与期刊战略合作，进行系统品牌传播，先让所有乳品行业人士知道，在渠道圈和产业层面成为强势品牌，一方面给经销商精神上的鼓励和支持，另一方面逐渐积累行业影响力。

基本点二：做好门户传播。旅游门户，做好区内景点营销，以影响区外。把旅游景点当广告来做，规模化做好景点营销。交通门户，聚焦集宁机场、呼和浩特白塔国际机场，以及进京高速（G6、G7），做好品牌渗透。

基本点三：创办中国草原酸奶大会。站在行业和世界的高度，制造大事件，形成大声势，创造大影响力，夯实世界草原酸奶引领者地位。每年一届，成为行业盛会，成为提高兰格格影响力的“爆点”。

基本点四：推出兰商共同体工程，变博弈为共赢。构建厂家、经销商、销售团队三位一体的厂商联盟，变商业博弈关系为责任型的长期稳定共赢的战略合作伙伴关系。新经营逻辑与激励方式，让经销商有机会参政议政，极大提高经销商的积极性与主人翁意识。

基本点五：异业联盟，做好渗透。通过与内蒙古特色餐饮，如西贝、小尾羊建立战略联盟。供应兰格格酸奶和奶皮酸奶等。针对集宁机场、呼和浩特白塔国际机场开发航空餐供应，做品牌形象渗透。

现在，兰格格产品热销北京、上海、广州、深圳、哈尔滨、大连等全国一、二线城市。2018年12月，第五届内蒙古品牌大会在乌兰察布市召开，兰格格乳业以6.75亿元的品牌价值荣获“2018内蒙古百强品牌”。2019年2月1日，国务院原总理李克强来到内蒙古乌兰察布市考察慰问，总理的关怀与关注，消费者的认可和支持，是兰格格发展的最大动力，2019年7月18日第二届中国草原酸奶大会，兰格格乳业品牌价值10亿元，成为名副其实的“草原酸奶第一罐”。

一、品牌概念的形成

自20世纪80年代末戴维·A.阿克（David A. Aaker）推出《管理品牌资产》一书后，品牌价值说便迅速成为企业界、广告界、传媒业的热门话题。人们逐渐发现品牌概念、品牌认知、品牌个性、品牌文化、品牌精神等均是吸引消费者并维持消费者忠诚，在市场竞争中必不可少的利器，这推动着人们对于品牌进行深入研究，逐渐形成关于品牌价值的系统理论。然而，无论是品牌专家戴维·A.阿克，还是其他品牌研究人士，在讨论使品牌由形而下的产品视觉识别符号向形而上的理念、文化、精神等抽象意义延伸的因素时，均没有涉及问题的本质。

杰斯帕·昆德（Jasper Kunde）在论述品牌精神的形成原因时认为：消费者并非机器人，他们不只是购买产品，同时也在选择一种观念和态度。当面临日益多样化的选择时，消费者的购买倾向更加受制于其信仰，此时的购买动机产生于对品牌的卓越性的信仰。

20世纪70年代以前，欧美国家的经济处于战后恢复时期，社会物质相对匮乏，人均收入较低。当时消费者对产品的需求自然是以“量的满足”（生理满足）为主，即十分注重产品的物质性，也就是说，产品的质量、价格是绝大多数消费者决定购买的主要因素。70年代中后期，欧美资本主义国家进入经济高速发展期，社会物质和人均收入较以往有了大幅提高。此时，消费者对产品的需求开始由物质性向社会性转变，即越来越重视产品的精神性（身份地位、审美品位、价值观念、信仰等），产品的物质属性逐渐变得不那么重要，而针对目标消费群体精心提炼附加在产品上的价值观念、审美品位、文化修养等精神属性逐渐成为消费者购买产品的决定性因素。也就是说，随着经济的发展、物质的丰富、收入的增加、生活水平的提高，消费者对产品的需求必将从原始的物质消费向后工业时代的精神消费过渡和转化。美国著名社会心理学家亚伯拉罕·哈洛德·马斯洛（Abraham Harold Maslow）早已从宏观角度对人类的需求层次及其发展变化趋势做了精辟分析。

品牌概念的内涵由最初单纯的视觉识别符号演变为集识别功能、信息浓缩功能、安全功能、价值功能于一体的全新品牌理论，这源于消费者对于产品的需求从物质性转变为精神性。

品牌内涵不断发展和演变，品牌定义也在不断地发展和变化，直到今天，在营销界和广告界仍然没有一个统一的、大家公认的品牌定义。宝洁公司在1931年便确立了品牌经理制度，在世界各地销售近300种不同品牌的商品，但是对于品牌的定义，宝洁公司似乎并没有做出具体的表述。

1955年奥美广告公司的创始人、著名广告大师大卫·奥格威（David Ogilvy）从广告传播的角度首次提出了品牌形象理论，并对品牌的概念进行了界定，即品牌是一种错综复杂的象征，它是品牌的属性、名称、包装、价格、历史、声誉、广告风格的无形组合。

大卫·奥格威认为，品牌不仅是商品的名称和标志，还是一个商品所体现出来的综合形象以及它在消费者心目中的感受和所具有的社会属性的象征意义。

1960年美国市场营销协会（AMA）在《营销术语词典》中对品牌的内涵进行了定义，即品牌是用以识别一个或一群产品或服务的名称、术语、象征、记号或设计及其组合，以和其他竞争者的产品或服务相区别。

显然，美国市场营销协会（AMA）对品牌的定义只强调了品牌的识别功能，认为品牌仅仅是一种与其他竞争产品相区别的识别符号，没有触及品牌的本质和真正的内涵。

1994年家菲利普·科特勒（Philip Kotler）对品牌的概念进行了新的界定，即品牌包含多方面的内容，至少有属性、利益、价值、文化、个性以及用户六个方面。

应该说，菲利普·科特勒对品牌内涵的界定是最全面、最完整的，但是他的界定仅仅指出品牌内涵由哪些内容构成，对这些构成要素之间的相互关系却没有论及，这就使他的品牌定义显得过于笼统。

1998年戴维·A.阿克对品牌提出了自已的定义，即品牌就是产品、符号、人、企业与消费者之间的联结和沟通。也就是说，品牌是一个全方位的架构，涉及消费者与品牌沟通的方方面面，并且品牌被视为一种“体验”，一种消费者能亲身参与的、更深层次的关系，一种与消费者进行理性和感性互动的总和，若不能与消费者结成亲密关系，品牌就从根本上丧失了被称为品牌的资格。其对品牌概念的表述涉及品牌的本质，即品牌与消费者的沟通功能。这个定义强调了品牌最终能否被市场认同是与品牌和消费者所建立的情感关系和互信关系分不开的，只是其表述过于零乱而显得缺乏层次感。

二、品牌价值

品牌价值是由品牌与消费者之间的关系这一本质属性所决定的，因此，要理解品牌价值，就必须将其看作一个相对的和动态的概念，并且是由商品的客观存在与消费者的主观感受共同作用的结果。更确切地说，一个品牌价值的高低取决于消费者在长期的消费活动中对该品牌的认知、感受和判断。

（一）品牌价值的概念

品牌价值是一个十分复杂、有着诸多内涵的概念。从宏观角度而言，相对于企业的有形资产，品牌价值属于企业的无形资产。一个成功品牌的价值往往远远大于有形资产的价值。从微观角度而言，品牌价值是由产品的客观事实（功能价值）和消费者的主观感受（情感价值）相互作用而构成的。从市场营销的角度而言，企业的品牌价值反映在产品的销量和利润之中。也就是说，企业的品牌价值在很大程度上取决于消费者所赋予品牌的价值，即品牌附加值。消费者往往更愿意选择购买品牌附加值高而不是品牌附加值低的商品。因此，品牌附加值高的商品能为企业创造更多的价值。从企业内部运作来看，品牌附加值不仅体现了企业的经济优势，还体现了企业的战略和管理优势。

根据上述分析，我们可以为品牌价值下一个基本的定义，即品牌价值是指品牌以产品品质为基础的客观属性和消费者的主观感受共同作用，为企业创造出的以无形资产为主的附加价值。

（二）品牌价值的构成

品牌价值由三部分构成，即品牌的功能价值、品牌的附加价值和品牌的资产价值。

1. 品牌的功能价值

品牌的功能价值是指品牌以品质为基础，向消费者提供能满足其使用需求的产品属性及其所体现出来的使用价值。这种以产品的功能为内涵的价值具有比较明显的客观属性，也是影响消费者对品牌形成判断的最基本、最直接的因素。因此，品牌的功能价值是形成品牌价值的重要基石。品牌的功能价值由产品的品质、设计、工艺水平和服务等价值要素构成。

产品的品质是构成品牌价值的前提和保证。在具体的实践中，不同的品牌对产品的品质有着不同的要求。对于高科技领域的产品而言，对产品品质的要求更关注可靠性、精确性和耐用性等相关内容；对于一般性日用消费品而言，对产品品质的要求则更关注是否具有良好的适用性，即使用方便、耐用、时尚和美观等相关内容。

产品的设计是指产品的生产主体在产品的实体形成之前对产品的生产制造过程予以事先规划的过程，也是规划主体思维能力文本化的过程。产品的设计水平高，就会保障产品在生产过程中拥有较高的品质；反之，产品的设计水平低，产品在生产过程中的品质就得不到保障。

产品的工艺水平往往可以直接反映产品的技术和文化特征。现代科学技术的发展使产品的生产自动化程度日益提高，从而保证了每一件产品都具有完全相同的品质，但是对于某些特殊的产品，正是因为其手工制作的工艺才使产品具有更高的价值。如大多数的高端乐器产品、工艺制品甚至劳斯莱斯轿车等均是因为其手工制作才能保证出色的品质，并由此形成比同行业非手工制作的商品高出数倍的价值。

服务有别于上述内容，却是衡量产品品质的关键要素。在传统的市场营销理念指导下，企业常常将注意力集中于如何满足消费者的需求。随着产品之间同质化不断加剧，新的营销理念更加重视通过建立优质的客户关系与服务体系来形成差异化。

2. 品牌的附加价值

企业通过有目的的传播使消费者对产品有积极的联想或正面的评价，使消费者愿意以高于其他同类商品的价格购买该产品，这种超出商品正常价值的部分即品牌的附加价值。品牌的附加价值由消费者的感受功效、品牌的社会象征意义及品牌名称认知度三要素构成。

在介绍消费者的感受功效之前，有必要讨论一下消费者对品牌产生联想的相关问题。品牌联想除了有理性和感性的区别外，还有物质性与非物质性之分。比如，同样是洗发水，消费者对海飞丝洗发水所产生的是“去头屑”这一物质性联想，对飘柔洗发水所产生的是“自信”这一非物质性联想。对于品牌的附加价值而言，消费者对品牌产生什么样的联想并不重要，重要的是一旦消费者形成对某品牌的联想，这些联想当中有哪些内容对于消费者来说是最有价值的。如果消费者认为这些联想无足轻重，这些联想也就无法形成品牌的附加价值。因此，由物质性联想所引起并能够获得商品的功能性利益就是消费者的感受功效。消费者的感受功效由消费者所感受到的商品品质及其功能属性的差异化决定。消费者感受到的商品品质可能由于品牌商品的外在属性（如价格）的影响而与实际的品质有所差别。消费者感受到的品牌商品的功能属性与品牌商品是否因某种属性而令人产生联想有关。比如，奇骏SUV的三种驱动转换模式通常会使消费者感受到奇骏SUV的功能属性与其他SUV车型的差异，从而认为该品牌商品的价值更大。

构成品牌的附加价值的第二个要素是品牌的社会象征意义。品牌的社会象征意义是指消费者通过非物质性联想从品牌商品中所获得的社会和心理层面的附加价值。品牌的社会象征意义不仅因品牌形象而不同，还会因为品牌所属的产品类别的不同而不同。具有高度社会象征意义的品牌，往往能够在消费者的心目中转化为具有人格化的品牌形象。阿克（1997）认为，那些希望获得社会认可的消费者往往对具有高度社会象征意义的品牌十分敏感。他将品牌的社会象征意义的内涵进一步区分，总结出品牌的社会象征意义的五个人格化的特征。

值得注意的是，消费者的感受功效并不总是与品牌的社会象征意义的价值相当。比如，对于许多消费者而言，韩国和俄罗斯的轿车具有较低的社会象征意义，但是与俄罗斯的轿车相比，韩国轿车的感受功效又要相对较高。一般来说，德国和法国的轿车具有较高的社会象征意义，但是从两者的内在品质和品牌形象而言，德国轿车更能使人联想到较高的社会地位，法国轿车则使人感受到浪漫不羁的个性风格。不过，大多数消费者还是认为法国轿车的感受功效要低于德国轿车。

构成品牌的附加价值的第三个要素是品牌名称认知度。消费者对品牌名称的认知主要有四种情况：第一种是对品牌名称未认知；第二种是对品牌名称的被动认知，即消费者被问及某类品牌商品时不能想起该品牌的名称，但是当其获得提示后可以想起该品牌；第三种是对品牌名称的主动认知，即消费者被问及某类品牌商品时能够不用提示即可说出该品牌名称；第四种是对品牌名称的首选认知，即消费者对某一商品类别产生消费需求时首先想到的就是该品牌。

品牌名称认知度的强弱要依赖品牌的营销传播的曝光率和消费者购买及使用品牌商品的频次。有研究显示，60%的著名品牌都有50年以上的历史，这些品牌必然有较高的营销传播的曝光率和消费者重复购买及使用的频次，这有利于在消费者心目中形成首选品牌。从降低不确定性风险的角度出发，知名品牌对于消费者而言自然要比不知名的品牌具有更大的价值，这可以部分解释企业为什么更加注重品牌知名度而不是品牌形象。有研究表明，对市场份额的影响因素中，品牌名称认知度将起到70%的作用，品牌形象仅起到30%的作用。品牌名称认知度是相对的，某一品牌名称认知度提高往往意味着同一类别中其他品牌名称认知度下降。

品牌名称认知度还可能对消费者的感受功效及品牌的社会象征意义起到强化作

用。消费者的感受功效与品牌的社会象征意义可以决定品牌的附加价值是正向还是负向，品牌名称认知度则在很大程度上决定品牌的附加价值能否实现，也就是说，品牌名称认知度对于品牌的附加价值可以起到强化作用。从理论上说，两个同样获得消费者积极联想的品牌，其中更知名的品牌的附加价值要比不太知名的品牌大得多。

总之，消费者的感受功效、品牌的社会象征意义及品牌名称认知度共同决定了品牌的附加价值的大小。

3. 品牌的资产价值

品牌的资产价值是指品牌为企业所创造的价值。在对品牌的附加价值的讨论中，我们可以得出初步结论，那就是品牌的附加价值水平在很大程度上决定了品牌资产价值的大小。从市场营销的角度分析，有三个因素可以影响品牌资产价值的高低，即品牌市场份额的规模、市场份额的稳定性和市场带给企业的利润空间。

品牌市场份额的规模取决于消费者认可的品牌所具有的附加价值的大小。正如上述所分析的那样，消费者往往更愿意选购买附加价值大的品牌商品，因此，从总体上说，是品牌的附加价值决定了品牌的市场份额。对于企业而言，品牌市场份额越大，自然可以为企业创造更多的资产价值。

市场份额的稳定性是指消费者不断重复购买某品牌商品，使该品牌的市场份额保持平稳的状态。品牌商品能够在市场上保持稳定的销售份额，这就表示该品牌有相当稳定的消费群体，或者说消费者对该品牌商品有相当高的忠诚度。从企业的角度而言，能够使消费者对本品牌商品保持稳定的忠诚度，可以为企业带来经济利益和战略决策两方面的优势。经济利益的优势体现在企业在市场竞争中可以获得比较稳定的市场利润，同时也可以节省营销传播费用。战略决策方面的优势则体现在品牌具有威慑潜在竞争对手的能力，并迫使经销商主动选择与本品牌合作，此外，还可以考虑利用本品牌忠诚度开发其他产品，实施品牌延伸策略。因此，拥有较为稳定的市场份额的品牌，对于企业来说自然就能够创造出更多的资产价值。

影响品牌资产价值的第三个因素是市场带给企业的利润空间。这里的利润是指品牌商品批发给经销商的价格与生产成本之间的差价。一方面，品牌商品的出厂价可以根据市场的需求调整；另一方面，品牌商品的生产成本会随着生产规模的扩大而下降。这样，利润空间大的品牌商品当然要比利润空间小的品牌商品更具有价值。不过，作为品牌资产价值的要素之一，品牌商品的利润空间在很大程度上还是要依赖品牌的附加价值。

三、品牌定位

（一）定位原理

定位的概念始于20世纪60年代末，进入20世纪80年代之后，越来越多的市场营销学者开始有意或无意地将定位的概念与品牌形象的概念整合为彼此不分的概念。其实，定位与品牌形象在内涵上还是有明显区别的：定位是基于鲜明的市场竞争导向，品牌形象则包含对品牌定位的策略选择。这两者的关系应该是品牌定位是建立（或重新塑造）一个与目标市场有关的品牌形象的过程和结果。

关于“定位”，还没有一个明确的、统一的定义，但是试图对“定位”进行定义的人们都在不同程度上提出了“定位”所包含的一些基本要素：

①定位是为了使产品获得更大的竞争优势；

②定位所要展现的是本产品与竞争产品的不同之处；

③定位确定的是产品在消费者心目中与众不同的位置；

④定位应该包含产品是什么、给谁用等基本内容；

⑤产品的定位不一定是同类产品所没有的，应该是竞争产品所没有说、没有注意，但对消费者却有巨大吸引力的因素；

⑥定位的基础是对本产品与竞争产品的深入分析和对消费者需求的准确判断。

我们可以从三个层面理解定位的概念：首先，它是一种使产品更具竞争力的营销策略和广告策略；其次，它是对产品进行定位的一个动态过程；最后，它是对产品进行定位的动态过程的静态结果，即直接向消费者传达产品采取哪种定位的信息。

基于以上三种理解，我们对定位给予如下定义：定位指在对本产品和竞争产品进行深入分析、对消费者的需求进行准确判断的基础上，确定产品与众不同的优势及与此相联系的在消费者心目中的独特地位，并将它们传达给目标消费者的动态过程。

（二）定位理论的由来与发展

定位（positioning），最初是由两位年轻的广告人艾·里斯（Al Ries）和杰克·特劳特（Jack Trout）于1969年在美国《产业营销》杂志上发表的一篇题为《定位是人们在今日模仿主义市场所玩的竞赛》的论文中首次提出的。1972年，两个人又在美国《广告时代》杂志上发表了名为《定位时代》的系列文章，在当时引起了轰动。菲利普·科特勒（Philip Kotler）在总结当代营销基本理论的发展时，将定位理论列为20世纪70年代最为重要的营销概念。

（三）定位理论的基本内涵

定位理论的核心就是主张在营销策略中运用一种新的沟通方法，创造更有效的传播效果。其基本要点有以下三点。

一是品牌传播的目的是在目标受众的心目中占据一席之地。所谓定位，并不是要去创造某种新奇或与众不同的事情，而是去明晰那些已经存在于人们心中的对某种品牌早已有之的对应关系。定位既可以针对产品，也可以针对某项服务、某家公司、某个组织或某个人。定位并不是要求对产品本身做什么改变，实际上，定位是对那些有可能成为某个品牌的消费者的心中对该品牌的看法予以改善或强化，因此，定位的目的是在消费者心中为品牌确立一个有利的位置。

事实上，面对大量日益过剩的传播资讯，人们只能从中选择接受与其知识、经验、兴趣、爱好等相吻合的资讯而过滤、排斥大部分与其知识、经验、兴趣、爱好不相吻合的资讯。因此，在传播资讯过剩的社会里唯一能够取得效果的方法就是集中火力于准确的目标市场，也就是定位。只有如此，才能使品牌的有关资讯占据目标消费者大脑中的一个位置，从而达到理想的传播效果。

二是通过营销创造出有关品牌资讯的“第一事件、第一说法、第一位置”。品牌传播要尽量表达“第一”的概念，因为人们大都只对“第一”的事物产生兴趣且容易形成记忆。比如，全球第一高峰是珠穆朗玛峰，第一位登上月球的人是阿姆斯特朗（Armstrong），第一次华人获诺贝尔物理学奖的是李政道和杨振宁，这些事实相信绝大多数人都能够记忆深刻且脱口而出。而全球第二高峰叫什么？第二位登上月球的是谁？第二次获诺贝尔物理学奖的华人是谁？知道这些的恐怕就没有那么多了。之所以会出现这么大的差距，是因为“第一事件、第一说法、第一位置”已不只是一条普通的资讯，更是一个概念、一条知识，人们在接受这些资讯时往往不自觉地把它们当作知识、概念而深深地镌刻在大脑里，从而产生较深的记忆效果。

在品牌传播规划过程中，如果能够为产品建立“第一”的位置，无疑具有巨大的市场优势。比如说起烤鸭，人们立刻就会想到北京烤鸭。如果我们能够使某一产品以“第一位置”进入消费者的大脑，消费者往往会将该产品等同于第一品牌。比如说起电脑，人们就会想起联想；说到相机，人们就会想到佳能。使产品在消费者心中占据第一的位置，是营销创意最为理想的传播结果。

三是品牌传播的关键是要表现出品牌之间的区别。定位理论认为，对传播者一方而言，大机器生产及规模化生产导致现代产品同质化日益严重，这就使营销在创作思路上如果仅仅去挖掘、分析产品之间功能上的差异，就会极为困难；对被传播者一方而言，由于消费者每天都要接触大量的营销资讯，尤其是受到同类产品营销资讯的干扰，营销效果会大打折扣。因此，营销传播必须另辟蹊径，即努力避免做与同类产品营销的内容相似的营销，努力表现与同类产品的差别。例如，七喜通过提出“非可乐”概念一举切入市场，获得极大的成功；“想想小的好处”则是大众甲壳虫汽车与同类汽车区别开来的特色，使大众甲壳虫汽车一举成名。

（四）消费者心智模式理论

1996年，杰克·特劳特与史蒂夫·瑞维金（Steve Rivkin）共同整理了他们25年来的工作经验，出版了《新定位》一书。虽然名为“新定位”，但该书的核心思想仍然是“定位不在产品本身，而在消费者心底”的基本观点，对消费者的思考模式进行了深入分析和规律性的研究，再次强调占领消费者的心智是品牌传播取得成功的关键。也就是说，定位不是要去琢磨产品，而是要去洞悉消费者的想法，消费者的心智才是品牌营销的终极战场。

该书对当年一些企业在运用定位理论时所出现的问题予以总结，归纳出两种基本思路：一是在市场逐渐成熟之后，如果企业不能及时更新或构思新的定位，就会陷入困境；二是企业在不断扩张和实行品牌多元化发展战略时，消费者对品牌的印象将越来越模糊。因此，要真正了解消费者的心理，就必须深入了解消费者的思考模式，这才是品牌定位的前提。为此，该书提出消费者的五大习惯性的思考模式及应对策略。

（五）品牌定位的基本概念

艾·里斯和杰克·特劳特当年的工作背景是广告公司，广告公司在代理某品牌的产品时，这个产品已经是定型的产品，包括外形、包装、价格、名称等一般都不会有太大的变动。此时，广告公司的工作就是想方设法让市场上更多的消费者尽早认知、接受，进而购买该品牌的产品。因此，对于广告人而言，定位就是策划人员在某品牌的商品或服务已经给定的条件下，努力研究消费者的心智模式，通过创造有利于产品的相关联想，试图在目标消费者心目中留下美好的印象并占据有利的位置，以促使消费者实施对该品牌产品的消费行为。

然而，产品从经营者的角度而言则是非给定的，可以根据市场状况加以更改。产品的营销经历了品牌（商品）营销循环模式，根据这个循环模式，我们可以发现，产品对于企业而言不是给定的，而是在一个又一个的循环过程中不断改进、完善的。因此，品牌定位就应该从更宏观角度加以理解，也就是说，在为品牌进行定位的过程中，营销策划人员不应仅仅将策划的对象局限于消费者，而是应该将策划的视角扩大至品牌和产品。

另外，从品牌运作的角度而言，品牌的内涵在不断发展的过程中也有改变的可能，而且这种改变非常必要。比如，实施品牌延伸策略之后，就有可能迫使对品牌内涵进行一些调整或改变。再如，品牌在传播过程中，其形象在目标受众的眼里逐渐过时、老化，企业也需要对品牌进行重新定位，以在目标消费者的心目中重新建立良好的品牌联想。

基于上述分析，品牌定位是指企业在营销调研和市场细分的基础上，努力寻找和发现自身品牌的独特个性（优势），将此优势与目标消费者心中的空白点予以对应，从而确定品牌在目标消费者心目中的独特位置，并借助整合营销传播手段使品牌能够在目标消费者心目中建立起强有力的联想和独特印象的策略性行为。简而言之，品牌定位就是企业向目标消费者展示品牌独特个性（优势）的过程。品牌定位要求产品能够满足目标消费者的需求，能够向目标消费者提供购买商品的理由，能够支撑这些理由的诉求内涵则来自品牌的独特个性。

（六）品牌定位的意义

在市场竞争日益加剧的今天，品牌定位越来越为企业所重视，品牌定位在企业的营销与传播战略中具有极其重要的意义。概括起来，最关键的意义有如下两点。

一是品牌定位有助于目标消费者识别记忆品牌所传达的信息。现代社会已经进入信息化时代，新兴的、具有潜力的信息媒介以惊人的速度进入千家万户，媒介形态多种多样。随着全球信息化的到来，互联网正在快速走进人们的日常生活。现在，人们每天都要面对来自广播、电视、互联网、报纸、杂志等大量的新闻和营销信息，在这种开放、多元的媒介环境中，消费者在对待各种信息尤其是营销信息时常常无所适从，当他们面对毫无个性的品牌营销信息时就会充耳不闻、视而不见，这必然导致企业浪费巨额的传播费用。其实，从传播的科学理论来讲，一个消费者每天（次）只可能接受有限的信息。因此，企业应尽量地压缩信息，实施正确的品牌定位战略，努力为自身的品牌塑造极具个性、令人过目不忘的品牌形象，使目标消费者能够识记本品牌的差异化信息，使品牌在激烈的市场竞争中占据有利位置。

二是品牌定位是整合营销传播的基础。品牌定位是企业整合营销传播战略的基础要素之一，或者说实施品牌定位战略为整合营销传播的下一个步骤——品牌传播——打下了一个良好的基础。所谓品牌传播，是指企业通过营销、新闻等传播工具将事先经过品牌定位战略所规划并设计好的品牌形象传递给目标受众，以期获得他们的认同或喜爱的过程。

品牌定位与品牌传播在企业的整合营销传播战略的实施中有时间上的接续关系。正是由于这种时间上的先后次序，决定了二者之间存在相互依赖、相互制约的关系。品牌定位是整合营销传播的基础，任何旨在扩大品牌知名度的传播活动都必须在品牌定位战略的基础上开展。品牌定位的相关信息是通过营销战略组合传递给目标消费者的，营销战略组合只有以品牌定位为核心，才能在目标消费者的心中留下整体的、一致的、独特的品牌印象。

总之，品牌定位是整合营销传播战略体系中最为基础的一个环节，也是决定企业所实施的整合营销传播战略能否成功的关键。经过品牌定位所规划和设计的品牌形象有助于品牌在目标消费者心目中留下深刻的印象，如果没有实施正确的品牌定位战略，则无论企业的产品品质如何优异，也无论企业采取何种促销手段，都不可能在市场营销活动中获得真正的成功。

四、品牌定位决策

对品牌经营者而言，进行品牌定位的目的是建立企业所期盼的、对细分市场内大量消费者有吸引力的竞争优势。因此，品牌定位决策的步骤就应该以竞争为导向。

（一）品牌定位研究

品牌定位研究是品牌定位程序的第一个环节，研究的具体内容构成了品牌定位决策的基础，甚至可以说此部分内容在很大程度上决定了品牌定位决策的成败。品牌定位的研究主要从选择目标市场、识别竞争特性两方面进行。

1. 选择目标市场

在进行品牌定位决策之前，一个显而易见的、亟待解决的问题就是哪些人群是本品牌的主要消费。这是一个非常重要的问题，因为不同的消费者会有不同的价值判断，不同的消费者会对同一个品牌产生不同的品牌联想和品牌偏好。如果不理解这一点，就很难制定出受消费者欢迎的品牌策略。

所谓市场细分，是指企业将消费者按照相似程度划分为若干不同的购买群体，使得每一个群体中的消费者都具有相似的需求和消费行为，以便于企业制定相应的营销传播策略。在细分市场的过程中，企业需要对营销成本与收益进行权衡。从理论上讲，市场越细分，企业就越有可能完成营销计划，越有可能满足某一细分市场的消费者需求。虽然细分市场的消费者可能会产生更为积极的反应，但是也有可能因为市场总量过小而难以实现企业预期的收益。在对市场进行细分时，应该事先确定市场细分的基本指数。从总体上说，市场细分的基本指数可以划分为描述性的或以消费者为导向的细分变量，和消费者行为的或以产品为导向的细分变量。

消费者行为的细分变量通常在研究品牌定位问题上更有价值，因为它们具有更清楚的战略性暗示。例如，在一个利益细分市场确定之后，确定品牌的差异性或期望利益就会相当清楚。以牙膏市场为例，整个牙膏市场存在以下四个主要细分市场。

（1）感觉型细分市场：消费者追求牙膏的香型和产品的外观。

（2）交际型细分市场：消费者追求牙齿洁白。

（3）忧虑型细分市场：消费者希望预防蛀牙。

（4）独立型细分市场：消费者更看重产品的低价格。

根据消费者行为变量来具体划分不同的市场，有助于品牌管理人员有针对性地为某个细分市场制定和实施营销传播战略。品牌管理人员常常根据消费者行为来对市场进行细分。比如，品牌管理人员可以先根据消费者的年龄对市场进行细分，然后选定某个特定年龄组的消费者作为本产品的目标市场。至于为什么这一特定的年龄组会是一个具有吸引力的细分市场，可能是因为这类消费者使用产品的次数特别多，对品牌特别忠诚，或者本产品的最大优势很可能就是他们所追求的利益等。然而，在有些情况下，范围较宽的人群描述也有可能会掩盖消费者之间一些重要的潜在差异性。一个笼统的“23~55岁的女士”的目标市场显然就涵盖了好几个有明显不同需求的细分市场，针对这些细分市场必须制定不同的市场营销传播的组合方案。

2. 识别竞争特性

当品牌管理人员基本确定哪些消费者是本品牌的目标市场时，通常也就决定了本品牌与其他品牌的竞争关系。原因很简单，即其他生产同类商品的企业也有可能将这类消费者作为自己的目标市场，或者反过来说，这类消费者也有可能在购买本产品之前会注意甚至比较其他同类商品，这就必然在本品牌与其他品牌之间形成了竞争关系。当然，这种竞争关系还会体现在其他方面，如分销渠道等。在进行竞争分析的过程中，品牌管理人员需要考虑许多因素，包括企业可以使用的资源、企业的经营能力、竞争对手或潜在竞争对手的经营动向等，以便为细分市场的消费者提供最好的产品或服务。

品牌管理人员在为本企业品牌定义竞争层次和竞争范围时不应过于狭隘。一般而言，品牌之间的竞争未必总在属性层面纠缠，更多地体现在利益层面。因此，那些关系到消费者身份、地位利益的奢侈品，其竞争对象就不仅是同类商品，也有可能会与其他耐用商品形成竞争关系，还有可能与休闲度假产品形成竞争关系。识别本品牌与其他品牌的竞争关系和竞争特性是品牌定位研究的一个重要环节。

（二）辨析品牌的异同点

在品牌定位研究中，品牌管理人员一旦确定目标市场和品牌的竞争特性（明确了合适的竞争参照体系），就有了品牌定位的基础。下一步就是要确立适当的本品牌与竞争品牌之间的异同点以及与之相匹配的品牌联想。

1. 品牌差异点及联想

差异点（points of difference，POD）是消费者对于与本品牌相关属性和利益具有积极、正面的评价，并且相信竞争品牌无法达到相同的程度。如沃尔沃轿车的差异点就是安全。

品牌差异点的概念与其他一些常见的营销传播概念有很多共同之处。比如，它与罗瑟·瑞夫斯（Rosser Reeves）在20世纪50年代提出的独特销售主张这一概念就很近似。独特销售主张是指营销诉求应该向目标消费者提出一个有说服力的、竞争者无法媲美的产品购买理由。营销传播的重点应放在诉求产品与竞争产品相比较之后得出的独特优势上，而不是仅仅强调营销创意。或者说，独特销售主张强调的是营销传播应该说什么而不是应该怎么说。

另一个与品牌差异点相关的概念是持续竞争优势（sustainable competitive advantage，SCA）。在一定程度上，持续竞争优势与企业在较长时间内向市场传达品牌价值方面优势的能力有关。虽然持续竞争优势所涵盖的内容较广，但它更强调产品在某些方面独树一帜的重要性。因此，品牌差异点与独特销售主张和持续竞争优势的确有相同之处。不过，相对而言，品牌差异点更注重企业通过有效传播，使目标消费者对品牌形成强有力的、有独特偏好的品牌联想，以与竞争品牌有所区别。

在现实生活中，消费者对企业通过营销诉求的品牌进行选择判断，依据常常是所感知到的品牌联想的独特性。比如，宜家将家居装饰品和家具转变成一种面向大众市场的价格便宜的商品。宜家通过让消费者自助服务、运送、组装商品等来降低商品价格。此外，宜家还通过其产品组合来建立品牌差异点。许多消费者正是通过这些品牌差异点形成对宜家的品牌联想。

品牌差异点既可以强调商品的性能属性［如韩国现代（Hyundai Motor Company）在其所有型号的汽车的前后座上均配置安全气囊，以提高汽车的安全性能］或性能利益［如海飞丝（head & shoulders）强调为消费者提供去头屑的利益］，又可以强调商品的精神属性［如路易威登（Louis Vuitton）强调的奢侈和地位］，以使消费者形成深刻的品牌联想。当然，也有一些企业通过强调自己是“低成本供应商”［如开市客（Costco）强调的就是“便宜”］来形成品牌差异点。

2. 品牌共同点及联想

在大多数情况下，许多企业难以发掘自身的品牌差异点，它们倒是与其他同类商品有很多的共同点。所谓品牌共同点（points of parity，POP），是指那些不一定为某品牌所独有，实际上可能与其他商品共有的特点。品牌共同点联想有两种基本形式，即品类共同点联想和竞争性共同点联想。

品类共同点联想（category points of parity）是指那些在某一特定产品大类中，消费者认为任何一个可信任的品牌都必须具有的品牌联想，这些联想实际上构成了消费者对这类产品的基本联想，这些联想的指向大都为产品的物质属性。当一个企业使用品牌延伸策略时，品类共同点就显得更为重要。品牌延伸的产品大类越广，越要努力保持品牌的品类共同点。如妮维雅（NIVEA）通过品牌差异点联想（温和、保护性、呵护备至等）在护肤品市场中占据一席之地。之后，妮维雅将其产品进一步延伸至体味清新剂、洗发水、化妆品等产品大类时，发现在建立品牌差异点之前，有必要先建立品牌共同点联想，因为当消费者并不认同妮维雅的延伸产品时，如体味清新剂非常有效，但不认为其洗发水能使头发更加柔顺，也不认为其化妆品具有使皮肤光彩亮丽的作用，妮维雅品牌原先所具有的“温和、保护性、呵护备至”等品牌差异点就会荡然无存。因此，一个企业只有先在其延伸产品的大类中建立起品牌共同点联想，才有可能逐步引入并构建起品牌差异点联想，建立品牌在市场中的竞争优势。

竞争性共同点联想（competitive points of parity）是指企业通过有针对性的传播淡化或抵消目标消费者对竞争对手差异点所产生的联想。或者说，如果某品牌能在其竞争对手企图建立优势的地方与之不相上下，同时又能在其他方面取得某些竞争优势，那么该品牌就可能处于一个较为有利的市场竞争地位。

五、品牌定位策略

品牌定位策略是进行品牌定位点开发的策略。品牌定位点开发是从企业经营者的角度来挖掘品牌差异点。必须强调的是，品牌定位点不是产品定位点，品牌定位点可以高于产品定位点，也可以与产品定位点保持一致。品牌定位点开发的着眼点并不局限于产品本身，可以从品牌的目标消费者、品牌竞争者、品牌识别等角度全方位地寻找和开发。

（一）产品定位策略

产品定位策略的基本思路仍然是以产品的物质属性为思考原点，其着眼点还是围绕产品的功能属性、外观和价格等来选择与确定品牌定位。

1. 产品功能属性定位

一些产品之所以能够为消费者所接受，最主要的原因是这些产品具有使用上的功能属性，可以满足消费者生理层面的基本需求。如果某产品具有独特的使用功能，能够给消费者带来特殊利益，满足其特别的需求，该产品就具有了与竞争品牌相比较为明显的差异点和竞争优势。如高露洁的没有蛀牙、佳洁士的坚固牙齿等都是以产品的功能属性为基点的品牌定位案例。

2. 产品外观定位

商品的外观是消费者最容易识别的特征，也是消费者是否认可、接受某产品的重要依据。品牌管理人员如果以商品的外观这个消费者最容易识别的产品特征作为品牌定位基点的话，同样可以达到较为理想的营销与传播效果。如大众品牌的甲壳虫系列轿车的品牌定位就是典型的以产品的外观作为定位基点的成功案例。

3. 产品价格定位

任何产品的价格都是企业与消费者之间利益分割最直接、最显而易见的指标，也是许多企业在市场竞争中经常采用的竞争手段。虽然使用价格策略往往会起到双刃剑的作用，但是在不伤及自身的前提下，一些企业还是乐于采用以价格为基点进行品牌定位。此种定位策略往往可以非常明确地向目标消费者传递出产品属于高端还是低端的信息。一般而言，定位于高端的产品可以向目标消费者显示产品的高品质，暗示拥有该产品的消费者具有较强的经济实力；定位于低端的产品则可以向目标消费者显示其大众亲民、物美价廉的品牌形象。

（二）目标市场定位策略

目标市场定位策略是指企业以消费者的需求为思考基点进行品牌定位，其思考的内容包括消费者的使用特点、消费者的使用场合与使用时间、消费者的购买目的和消费者的生活方式等。

1. 消费者的使用特点定位

此种定位方法是把产品与实际的消费者联系起来，直接表现产品的目标消费者的人口统计特征，排除其他类别的消费群体。事实上，这种定位方法往往与产品的利益密切相关，它暗示产品能够为目标消费者解决哪些问题以及带来何种利益。如运动品牌的品牌定位就是爱好运动的消费人群，其广告代言人多是运动员，以展示其目标消费者形象。

2. 消费者的使用场合与使用时间定位

红牛饮料是使用此种定位方法最为典型的案例。该品牌的定位显然是强调商品的使用场合或使用时间，如困了累了喝红牛。

3. 消费者的购买目的定位

消费者购买商品的目的因人而异，但总的来说无非有两种情况，即自用、他用。一些企业在深入研究市场需求及消费者购买目的之后，围绕消费者购买目的进行品牌定位，获得了出人意料的成功。

4. 消费者的生活方式定位

上述各种定位方法都是以商品的物质属性为基点的定位策略，但是现代消费者的消费心理与以往相比有了很大的变化，其中最大的变化就是从理性消费向感性消费转变。由于目前消费者的生活方式、生活态度、心理特征和价值观念对消费行为的影响越来越大，并已经成为市场细分的重要变量，从生活方式的角度寻找品牌定位的基点已被企业广泛采用。针对年轻一代消费者追求个性、展现自我的需要，品牌定位完全可以从价值观着手赋予品牌相应的意义。

（三）竞争导向定位策略

竞争导向定位策略是指企业以竞争对手的营销传播策略为参照物，有针对性地提出品牌的定位方法，其目的是使本品牌在市场竞争中占据有利地位。

1. 首次或第一定位

首次或第一定位就是要寻找没有竞争者的市场空隙（消费者的空白心智）并迅速占领这个空隙，成为该市场领域的品牌领导者。定位理论的提出者艾·里斯和杰克·特劳特特别看重“第一”的概念，将此方法列为定位方法之首。如七喜第一个提出“非可乐”的概念，取得了巨大的成功。

2. 关联或比附定位

即企业努力使本品牌与在市场上有相当影响力的竞争品牌形成一种关系，借助竞争品牌的市场影响力使本品牌获得市场认可，尤其当企业在市场上处于弱势地位而竞争对手又是市场领导者时，此种定位策略更为有效。20世纪60年代，美国广告大师威廉·伯恩巴克（William Bernbach）为安飞士出租车公司（Avis）所做的广告就首次运用了关联或比附定位，提出“我们是老二，但是我们更努力”的品牌定位，获得了极大成功。

3. 进攻或防御定位

关联或比附定位往往并不是主动进攻或排挤竞争对手，而是遵守现有市场次序和消费者的认知模式，在现有市场结构中选择一个与竞争品牌相安无事的位置。进攻或防御品牌定位是为了侵占其他品牌的市场份额或防止其他品牌的进攻而采取的定位方法。

（四）品牌识别定位策略

品牌识别是比品牌定位更本质、更内在的东西。品牌定位只是品牌丰富内涵及其潜在价值的一部分，品牌识别则是内容与形式、风格与文字、图像与音乐的完整统一体。品牌定位在一定条件下可以调整和再定位，品牌识别则应恒久不变。因此，从某种程度上说，品牌定位只是品牌识别的一个方面，或者说，在品牌定位的过程中，可以从品牌识别的多个角度选择定位点。

1. 以个性角度定位

如果企业在品牌定位之前就已经确立了品牌个性管理人员，那么就可以以品牌个性作为品牌的定位点。

2. 以文化特征定位

品牌的文化内涵既包括品牌自身特有的历史文化，也包括品牌诞生地的地缘文化。某些产品经过长期的营销与传播，已经形成自身特有的品牌文化，在市场上被消费者认为是某个品类的代表。此时，跟进企业在进行品牌定位时就可以使用文化特征定位。如生产香水的企业将自己的品牌定位于法国文化特征，则更容易得到消费者的认可。

3. 以品牌与消费者的关系定位

品牌与消费者的结合点是寻找品牌定位点的又一途径。品牌与消费者之间的关系反映了品牌对待消费者的态度，是友好、乐于助人、关心爱护、体贴入微，还是冷若冰霜、拒人于千里之外。海尔的定位就是从品牌与消费者之间的关系出发，将品牌定位为“真诚、友好、关心”，品牌的广告语（真诚到永远）则根据其定位生动地表述了品牌的经营理念和对待消费者的基本态度。

• 课后习题

对本章案例“兰格格”进行品牌定位分析，并分析其品牌定位策略。

第五章 品牌视觉识别设计

| 教学重点 |

本章主要介绍品牌视觉识别设计基础，学习品牌名称策划及设计，通过案例分析掌握品牌视觉识别设计。通过本章的学习，使学生掌握产品与品牌的概念，了解品牌名称策划与设计，学习品牌视觉形象设计、产品包装设计及品牌详情页设计。

| 教学重点 |

1.掌握产品与品牌相关概念。
2.掌握品牌名称策划与设计。
3.了解产品包装设计相关设计方法。
4.掌握品牌视觉形象设计及品牌详情页设计。

| 推荐阅读 |

[1]徐适. 品牌设计法则[M]. 北京：人民邮电出版社，2019.
[2]何佳讯. 品牌形象策划——透视品牌经营[M]. 上海：复旦大学出版社，2000.

| 教学训练 |

学生通过学习品牌名称策划及设计，通过案例分析掌握品牌视觉识别设计，对学生的学习情况进行评估。小组讨论品牌视觉识别系统的构成及品牌视觉识别系统是怎么导入的。通过案例讲解与分析，完成设计实践报告，邀请行业专家评审作业，提高学生设计实践能力。

案例 西贝莜面村

“I♥莜”是西贝莜面村打造的超级符号，用这个世界性符号的影响力，推动西贝莜面村跻身中国餐饮行业一线品牌。建立西贝手工美食大师平台，发动“西贝莜面村，走进联合国”“《舌尖上的中国2》张爷爷的手工空心挂面”两大传播事件，成功为品牌打造了年度最具话题的菜品，积累了巨大的品牌资产。

一、店名

从西北菜重新回归到原本的名字——西贝莜面村。

二、战略性产品聚焦

重新梳理西贝菜单的产品结构，进行产品价值梳理。

三、品牌话语体系

（1）品牌超级话语：I♥莜。

（2）食材理念的超级话语——草原的牛羊肉，高原旱地的五谷杂粮。

（3）拳头产品的超级话语——为健康加莜！

（4）烹饪理念的超级话语——西贝是天然派，绝不添加味精和香精。

四、品牌符号设计

超级符号就是超级创意，西贝建立品牌符号系统，确定品牌价值，降低传播成本，令品牌实现最高效和长期的资产积累。

五、为什么是“I♥莜”

（一）教会顾客认“莜”字

西贝莜面村品牌推广的首要问题是解决顾客认“莜”字，但经过调研，很多顾客都不认识“莜”，不知道它念“yóu”，还有人把它念成“xiǎo”。所以打造了“I♥莜”这个超级符号，“I♥莜”的发音正是“I Love You”，英文的“You”和中文发音“yóu”几乎一致。用一句全世界都熟知的超级话语，让人脱口而出，认识“莜”字。

（二）引领顾客爱“莜”面村

西贝如何成为顾客最爱，首先要建立品牌偏好。超级符号能让一个新品牌，即刻成为消费者的老朋友。“♥”正是植入每个人潜意识的符号，它饱含着浓浓的爱意，让人立刻能和品牌亲近。“I♥莜”正是提取了西贝企业基因里爱的文化，将它寄生到一个现代人最喜欢的流行文化中，产生戏剧性，让品牌不胫而走。

（三）超级符号信息包，最大化降低品牌传播成本

“I♥莜”里植入了西贝莜面村的品牌信息，整个品牌信息浓缩成一个符号，不仅能让人瞬间建立品牌偏好，还能记住品牌名，最大化地降低了传播成本。

六、品牌大事件传播

营销活动一定要和产品相关，产品开发和营销创意是一件事，使活动产品化，产品活动化。“西贝莜面村 走进联合国”，西贝莜面被选为2013年度中华美食代表，走进联合国，进行了为期5天的表演与宣传。通过线上、线下媒体合力宣传，把“西贝走进联合国”打造成品牌事件。

“去西贝，吃《舌尖上的中国2》张爷爷手工空心挂面”。借势《舌尖上的中国2》引发的民间美食热，西贝团队远赴张家山拜师学艺，传承空心挂面手艺，独家购买了张爷爷手工空心挂面，两个月的时间卖出1700万元，成为2014年最火的一碗面，全国城市门店客流增加7%~15%。

一、产品与品牌

全球负有盛名的朗涛策略设计顾问公司（Landor Associates）的创始人沃尔特·朗涛（Walter Landor）说过，“产品制造于工厂，品牌创造于心智”。产品是指能够供给市

场，被人们使用和消费，并能满足人们某种需求的东西，包括有形的物品与无形的服务。品牌设计的基本目的是围绕产品展开的对其价值的传播。因此，做品牌首先要充分了解品牌产品的核心价值（产品属性与品牌要素），这是建设品牌、创造品牌形象设计的基础。

如今，随着互联网产业链及生态的成型，产品与服务已不再拘泥于实体。互联网平台的虚拟产品（互联网产品）应运而生，并成为销量日益增长的热门消费级产品。现如今，人们不仅在消费实体产品，同时也享受着互联网产品带来的便利，如手机打车、共享单车、网上订餐、资讯媒体、社交软件等产品。这些产品影响到人们的吃、住、行乃至生活的方方面面。同时互联网也改变了产品销售的传统渠道，实体产品销售如今也大多采用线上平台、线下实体终端双管并重的销售模式。销售渠道决定了消费者与产品沟通的环境，因此，充分了解产品渠道属性是制定品牌策略不容忽视的考量点。

产品属性决定了品牌在传播中对于功能性和情感性两者利益主张的权重，品牌通过与消费者接触的各个点去建立品牌认知与忠诚度。

产品属性是产品性质的集合，也是产品差异性的体现，它决定了品牌策略、品牌形象的出发点。

（一）产品六大属性

（1）需求因素: 不同产品、服务满足不同需求层次的消费群体。

（2）用户特性: 用户人群、年龄、地域、文化、阶层导致消费心理与消费行为的差异。

（3）行业状况: 行业现状、产业结构、竞争激烈程度决定了差异化的品牌策略。

（4）价格档次: 价格区间产品定位针对的消费群体不同。

（5）渠道特性: 不同渠道内销售的产品，销售模式、定价策略、推广策略都有所不同。

（6）功能利益: 功能性利益价值，产品总体的功用或用途。

产品属性中包含了满足消费者对产品功能性的基本需求。在产品被认同的基础上，品牌构建者不断地探索、构架品牌形象，将品牌作为与消费者沟通的桥梁去满足消费者的情感性价值认同。

（二）品牌五大要素

品牌不仅包含了以上产品属性，还包含以下五大要素。

（1）属性: 消费者感知到与品牌功能性相关联的特征。

（2）价值：品牌区别于竞争对手最核心的部分，能够让消费者明确识别并认知的品牌个性与利益点，驱动消费者认同该品牌的主要因素。

（3）利益：品牌不能仅局限于产品属性，消费者购买产品是因为产品符合其需求与利益，因此，产品属性需要通过品牌传递功能性和情感性的价值主张。

（4）个性：品牌个性通过品牌形象触动消费者，并吸引目标消费群体。

（5）文化：品牌来源的地域、文化、风俗等特征，以及通过品牌形象的塑造使消费者形成对品牌的忠诚度与价值认知。

在品牌的塑造过程中，产品是基石，品牌是产品延续的保障。其实品牌就是在产品基础上构架的一种情感性价值，这是“虚构故事”，用“想象构建”去创造消费群体组成的“想象共同体”“信仰社群”。

产品好比是“弓”，“猎物”是目标消费群体，企业则需要一支利箭（品牌价值）与“弓”产生相互作用的力，利用“射手”（品牌构建者）的精确定位命中“猎物”。

（三）认知陷阱——“产品即品牌”

很多品牌塑造能力弱的企业，其主要问题是在市场行为中分不清产品和品牌，从而陷入了产品即品牌的认知陷阱。只懂得在产品的功能性价值上做营销，而忽略了品牌真正增加核心竞争力的部分——创造情感性价值。这些企业虽然宣称重视品牌建设，实际上在市场行为中依旧把重点放在单纯的产品利益优势上。产品与品牌是互相依存的共同体的关系，重视产品并没有错，但品牌应该是建立在产品之上的差异化定位主张，而不是产品即品牌。

品牌的本质在于利用其构建的品牌价值的差异化策略，通过传播将企业的产品或服务传达给消费群体。品牌是产品与消费者沟通的桥梁，是用以区别于竞争对手的产品或服务的识别符号，旨在打造能在消费者心目中留下深刻印象的超级印记。

品牌为消费群体创造了差异化的功能性价值和情感性价值。功能性价值实现了消费者对于其产品需求的基础功能价值和差异功能价值的满足；情感性价值为消费者提供了情感上的身份主张及群体归属主张。

二、品牌命名策略与设计

（一）品牌命名的基本原则

1. 有利于市场营销

品牌命名首先应该重点考虑品牌名称是否有利于产品的市场营销。具体而言，必须在以下五个方面对品牌的销售与传播产生积极的作用。

（1）有助于表示产品的类别。许多品牌之所以能够在市场上取得成功，原因之一便是这些品牌都有一个可以表示产品类别的名称，这就大大方便了消费者对品牌商品的识别与记忆，一旦消费者产生对某类商品的需求，可以表示产品类别的品牌名称显然会有更多优势，这种将品牌名称与商品类别直接关联的命名策略十分有利于消费者对品牌的识别与记忆。如认养一头牛、五粮液、快克等著名品牌。

（2）有助于暗示产品的利益。在为品牌命名时，除了要考虑品牌名称是否与商品类别有关联外，还应该尽可能通过品牌名称来暗示商品能够带给消费者的利益。如美加净护肤品、劲量电池、固特异轮胎、永久牌自行车等。

（3）有助于传播商品的性能特征。如果品牌名称能够直接反映商品的性能特征，将有助于目标消费者对商品的主动寻求与购买。不过，由于我国的商标相关法律规定不允许商标直接反映商品的质量、主要原料、功能、用途、重量、数量以及其他特点，因此，企业只能通过巧妙的想象和大胆的创意，含蓄地、间接地表现商品的性能特征。比如，背背佳（书包）、好记星（学习机）就是通过品牌名称将商品的使用方法和特征形象生动地告知目标消费者，有助于目标消费者对品牌的性能特征产生准确的认知和理解。

（4）指明商品的目标对象。如果品牌名称能直接表明其目标消费者的范围（如性别、年龄等），自然可以大大提升品牌信息的传播效果，有助于目标消费者主动消费。如针对儿童市场的娃哈哈、针对女性市场的太太口服液、针对中青年男性市场的七匹狼服饰等品牌，都是通过品牌名称直接指明这些商品的使用对象，使目标消费者与商品之间形成直接关联，有利于目标消费者对商品产生认识和记忆。

（5）表达对社会各界的良好祝愿。受中国传统文化的影响，凡是在品牌中出现吉祥、富贵、和谐、健康等词语，很容易赢得消费者的好感和喜爱。如健民、万家乐、乐百氏、喜盈门、红双喜、金六福等品牌均是如此。

2. 符合相关法律法规

在为品牌命名的过程中，企业相关人员应对《中华人民共和国商标法》及相关法律法规进行深入的研究，以保证品牌名称符合相关法律法规的要求。

品牌名称具有专享性，品牌名称一旦注册，其拥有者就拥有了对品牌名称独有的权利并受到法律的保护。如果使用者未经品牌拥有者的同意或授权而使用品牌名称，就构成了对品牌拥有者的侵权行为。在为品牌命名的过程中，不应将精力仅仅集中在如何取名上，还应高度重视为品牌名称进行注册以获得法律保护，以防给企业的发展带来隐患。

（二）品牌命名策略

“名不正则言不顺，言不顺则事不成”，这足以道出“名”的重要性。同样，企业要想自己的产品卖得好，除了产品自身的质量有保障外，给产品起个好名字也是至关重要的。好的品牌名称既可以引起消费者的独特联想，还能反映产品的特点，有强烈的冲击力，增强消费者的购买欲望。如“奔驰”不仅使人们联想到尊贵、成功，也反映出汽车制造工艺优良等特点。由此可见，品牌名称是品牌的代表，是品牌的灵魂，体现了品牌的个性和特色。

例如，“奶牛养得好，牛奶才会好”，这种“替用户养牛”的概念既给用户带来了独特新奇的消费体验，也潜移默化中强化了用户对认养一头牛产品放心、“只为一杯好牛奶”的认知。

1. 目标市场策略

目标市场策略是指根据品牌的目标消费者的特征为品牌命名的策略。在具体的做法上，就是尽可能使品牌名称可以暗示或直接反映目标消费者所处的特定文化背景和心理需求，以使品牌名称能够在一定程度上起到市场营销的效果。

以品牌名称来表现商品与目标消费者在人口统计特征上的对应关系并非难事，只要在品牌名称上表现出目标消费者的性别或年龄特征即可。

比如我国的劲霸男装、太太口服液等，都是通过品牌名称非常清楚地显示商品的目标消费者，有利于目标消费者对此类商品的识别、记忆和购买。

2. 产品定位策略

产品定位策略是企业希望通过品牌名称直接引发目标消费者对产品的特征、产品为消费者所能提供的利益、产品在使用过程中所体现的社会意义等有利于产品销售的内容的联想。

运用产品定位策略为品牌命名的成功之作当属宝洁公司的海飞丝洗发水（Head & Shoulders，意为“头和肩”），该品牌名称十分巧妙地向消费者传达了产品“去头屑”的定位。宝洁公司的其他若干品牌也都具有产品定位的传播效果，如帮宝适（婴儿纸尿裤）、舒肤佳（杀菌香皂）等。

使用产品定位策略为品牌命名固然有助于目标消费者对产品的功能属性产生积极的联想，并有可能促使其产生购买意愿，但是此类品牌名称所涵盖的范围过于狭窄，不利于企业实施品牌延伸和多元化经营战略。

（三）品牌命名程序

1. 战略思考阶段

在为品牌命名的过程中，首要的工作就是必须从市场竞争、消费者心理、消费文化等不同层面对品牌的整合传播进行战略思考。包括：商品的基本性能和独特卖点是什么？商品的目标消费对象是哪些人？这些消费对象有什么样的消费心理和消费行为？商品的市场前景如何？将来是否有可能运用品牌延伸策略？哪种品牌名称更有助于品牌形象的塑造与传播？商品是否有可能进入国际市场？需要命名的品牌与企业其他品牌之间是一种什么关系？企业未来发展战略及品牌文化是什么？等等。这些实际上也成为衡量品牌名称优劣的标准，为品牌命名工作顺利及富有成效地开展奠定了坚实的基础。

2. 提出备选方案阶段

此阶段是从不同角度为品牌名称构思不同方案的过程。方案越多，筛选的余地越大，获得令人拍案叫绝的品牌名称的可能性也就越大。构思的方法因人而异，但一般而言，使用头脑风暴法更有效率。

头脑风暴法是由BBDO广告公司的阿列克斯·奥斯本创建的，其原意为两个人或两个人以上聚在一起，针对某条广告的诉求主题共同构思创意的过程。

头脑风暴法往往是灵感喷涌的源泉，若想成功地运用这种方法，必须遵循以下两条原则：一是任何创意均不得受他人干涉。二是所有想法都应记录在案，以备将来参考。把所有的灵感都记录下来，用心理学家的话说，这是一个“自由联想”的过程，应该给每一个新想法一个启迪旁人的机会。

头脑风暴法是利用团体环境刺激创意者的创作灵感，用个人的灵感甚至是不着边际的“胡言乱语”去刺激其他人思考，群体思维的合力又将刺激衍生出更多的灵感，这会远远多于个人独自思考所能构想出来的创意。

头脑风暴法的秘诀在于允许相反或不同的意见，消极保守的认识会破坏随意不拘的氛围，随意不拘的氛围正是产生原创性想法的必要条件。

3. 测试与评估阶段

此阶段是对品牌名称的备选方案进行筛选和评估。一般而言，筛选过程是放弃那些明显不合要求的备选名称，使备选名称保留在10个左右，然后对保留下来的名称作出评估。评估工作除了组织相关专家、学者等进行内部评审外，还可以对企业市场部的资深人员、销售渠道的相关人员以及有代表性的目标消费者进行调查。这两种方法又可以称为专家分析法和消费者调查法。

（1）专家分析法。运用专家分析法对品牌名称进行评审，关键是必须组织一个人员构成和学科面较广的合理的评价小组。该评价小组的成员最好包括语言学、心理学、美学、社会学、市场营销学等方面的专家，专家的人数以7~9人为宜。具体评审大致包括四个过程：初步审议、讨论评议、修改润色、达成共识。

（2）消费者调查法。消费者调查法可以采用问卷调查、投射技术、焦点小组等方法进行。调查的内容主要包括以下几个方面。

①词语联想。品牌名称能引发目标消费者哪些联想？目标消费者的这些联想是否与企业的目标相符合？是否会引起目标消费者的负面联想？等等。在调查的过程中，调查人员应尽量避免采取直接提问的方式询问被调查者，如“你喜欢这个品牌名称吗”，应该间接或侧面地询问被调查者，如“你认为这个品牌名称有什么含义”“它是否可以代表某一品类的产品”“你认为哪一类产品绝不会使用这个品牌名称”等。

②记忆测试。调查人员给被调查者备选的品牌名称清单，经过一段转移注意力的时间之后，再请被调查者写出能够回忆起的刚刚看过的品牌名称。此种测试不仅可以判断哪些品牌名称更易识记，也可以测出哪些品牌名称更易写出。

③定位测试。调查品牌名称与其所属产品类别的相关性及其在市场中所处的相应位置。

④偏好测试。调查品牌名称能否引发被调查者的情感反应及其强弱程度，品牌名称能否引发被调查者对品牌名称产生偏好和后续行为。如果通过测试分析显示消费者并不认同测试的品牌名称，那么不管专家还是企业老板多么偏爱这个品牌名称，都应该考虑重新命名。

4. 法律检索阶段

经过上述阶段对品牌名称进行筛选和评估之后，可供使用的品牌名称一般在5~6个，此时就进入品牌名称的法律检索阶段。这个过程虽然既花钱又费时，却是一个绝对不能忽略的至关重要的过程。再好的品牌名称，如果已经被人注册，那么企业只有两个选择：要么放弃此品牌名称，要么向此品牌名称的持有人购买，两者必择其一。通过法律检索，可以排除那些在市场上已经使用、已经被人注册或与本品牌名称相近的名称，以确保自己所确定的品牌名称的专有性。此阶段的工作也可视具体情况提前开展。上述所有工作直到最后确定下来的品牌名称得到法律注册方才告一段落。

三、品牌标语策略与设计

（一）品牌标语的概念和作用

品牌标语（tagline）是品牌或其产品、服务的座右铭式的短语，它是一句口号或几个词组的组合，用以识别品牌。在广告传播中宣传产品、服务的标语，被称作广告语。

品牌标语要能在信息海洋中脱颖而出，要有个性，其语言表述要特色鲜明。在传播媒介中重复表达品牌价值主张或愿景的话语，目的是向公众或目标消费群体传播品牌价值和品牌记忆。

品牌标语和品牌标志的作用是相似的，都是为了广而告之其核心价值的差异性。只是品牌标志的传播媒介通过视觉传达，而品牌标语可以通过听觉传达。它们的相同之处在于比品牌名、产品名称更容易引起受众的注意，更容易被快速意会，从而形成品牌印象，在消费者心智中植入品牌信息，形成记忆点。

品牌符号不管是通过品牌视觉识别系统还是通过品牌标语传播，其主旨是使受众形成对品牌传达内容的心领神会，并在心智中形成对其特性专属的记忆。优秀的品牌标语也是强有力的品牌符号，通过重复传播，使大众了解品牌，并激活大众对品牌的关联记忆。受众看到、听到后就能记住，并且形成口口相传的现象，可以有效降低品牌的传播成本。

（二）品牌标语的四种类型

品牌标语在构思中以差异化的竞争力为纲，去寻找目标群体心智中的价值认同。对于一个品牌来说，品牌核心价值犹如它的“大脑”，品牌标志则是它的“脸”，品牌符号系统、辅助图形等触点设计就是它的整体外形，而品牌标语则是其“谈吐”。

成功的品牌标语犹如一个谈吐不凡的人，令人耳目一新、难以忘怀。通过研究国内外许多著名的品牌标语，发现其在创作思路上具有以下四个特点：行文干练（易懂、易记、朗朗上口）、风格独特、引人注意、引起共鸣。品牌标语将品牌的核心竞争力以短语的方式转化成符合品牌消费者需求的功能性或情感性认同，以此为出发点而设计的品牌标语无外乎四种类型，即品牌定位型、差异痛点型、情感共鸣型及价值主张型。

1. 品牌定位型

品牌定位是让品牌成为一个品类的代名词，是占据消费者心中独特地位的品牌策略。品牌定位简要概括的核心是“三个什么”：针对什么品类，提供独一无二的什么优势的什么（产品/服务）。因此，品牌定位型的品牌标语应该围绕这“三个什么”为出发点展开。通过市场调查、竞争对手分析，结合品牌优势、品牌战略所得的结论导入“快速定位测试”中，然后进行句式上的减法推演，最终获得一个富有感染力的品牌话语。

刘大櫆是中国古代影响深远的散文流派桐城派的四祖之一，他的一句话曾道出了文句书写的最佳境界，即“凡文，笔老则简，意真则简，辞切则简，理当则简，味淡则简，气蕴则简，品贵则简，神远而含藏不尽则简故简为文章尽境”。我想这句话引以为品牌标语的行文宗旨，可谓当仁不让。以红牛为例:“针对饮料品类，提供独一无二的配方的抗疲劳、快速补充体力的能量饮品”→“红牛，提供抗疲劳、快速补充体力的饮料”→“渴了喝红牛，困了、累了更要喝红牛”。

这是红牛当年初步切入中国市场，在消费者对于功能性饮品还很陌生的情况下所使用的品牌标语。“渴了喝红牛”阐述了其可以作为饮品，“困了、累了更要喝红牛”强调了其核心定位，视觉上使用了中国消费者所喜爱的金色作为罐身颜色配合其红色的标志，与品牌标语形成双管齐下的视听效果。在传播到一定阶段后，去掉前句，让标语更加简洁——“困了、累了喝红牛”，有效降低传播成本，加强传播效率。随着红牛市场拓展的深入，进一步升级认知，使用情感共鸣型品牌标语“你的能量，超乎你想象”便顺理成章了。

初步切入市场的品牌，需要迅速让大众了解其品牌的功能定位，从而形成初步的品牌认知。因此，品牌定位型适用于新品牌的品牌标语。

2. 差异痛点型

差异（直击）痛点对于广告策划来说是核心方法。差异痛点型品牌标语的目的就是直指人心，寻找消费者迫切的诉求点，占领消费者在品牌选择纠结中能够给予关键说服话语的战略制高点。向消费群体传达品牌或其产品、服务的核心价值，所强调的主张必须是竞争对手无法提供的体验或价值，通过明确其独特性的表达将品牌与竞争对手区分开。

3. 情感共鸣型

情感共鸣型品牌标语围绕品牌的情感价值认同展开，通过感性的话语来刺激用户的心理诉求，引起情感共鸣，拉近与目标消费群体的距离，建立消费者的品牌认同与情感归属。情感共鸣型并不适用于所有品牌，一般是需要品牌在消费市场形成一定认知度的情况下进行的品牌策略上进取的行为。此类标语常配合广告传播推出，以达到在认知的基础上建立情感价值认同的目的。

例如，“只选草原羊，每一块都能吸到骨髓”，除了能看到功夫菜的品质，更多是贾国龙品牌对一顿好饭的坚持，进而理解功夫菜的愿景——在家吃遍天下味。

可以看到，情感共鸣型经典品牌标语中有一个有趣的特点，就是它们都是朗朗上口、广为流传的超级符号型的短语。它们不仅仅是广告语，更是大家日常中表达态度的话语，已经神不知不觉地变成了人们在交流沟通中经常拿来引述的妙语。

4. 价值主张型

广告学者爱玛·赫伊拉说过：“不要卖牛排，要卖滋滋声。”意思是在品牌广告语的创作中要注意不要过度平铺直叙，而应该在意内容是否具备给人留下印象差异化的符号特征。消费者在购买产品或者选择服务的时候，实际上是在做相似产品的利益权衡，这种权衡是因为，消费者不可能如同科研人员那样一个个去研究购买的产品，所以在品牌传播中建立可信赖的功能性价值主张就显得十分关键。

例如，Keep软件广告语“自律给我自由”，蕴含着运动哲学。自律是这个世界上绝大多数人所欠缺的，运动恰好是自律的体现，坚持下去，将会变得更自信，自由便是自律的结果。

其实品牌听觉的刺激种类多样，不仅有标语，还有音乐旋律等方式。美国曾有一个关于听觉的研究实验，在一些互联网的主页或者产品中加入声音，其结果表明，这些拥有声音识别的品牌页面比没有声音的品牌页面访问量高出了76%。如果品牌的声音能与品牌个性形成很好的搭配，其品牌再认的记忆印象就达到了96%。1991年，计算机市场刚刚崛起，人们对中央处理器的认知还十分茫然，英特尔“内有英特尔（Intel Inside）”的话语系列活动令英特尔名声大噪，并使用“噔，等噔等噔”作为品牌听觉识别进行双重配合，迅速拥有了当时消费级市场56%的消费者。大家一听到“噔，等噔等噔”就会联想到英特尔品牌。英特尔加大推广力度，最终以2亿美元的推广成本换回了至少10亿美元回报，也把英特尔独有的听觉识别植入人心。品牌听觉通过与视觉配合，形成了立体式的品牌植入，可以激发消费者的兴趣，更迅速地植入他们的内心认知记忆中。

四、品牌视觉识别设计

（一）品牌视觉识别系统

在20世纪六七十年代，现代品牌视觉识别先锋的荷兰全面设计公司（Total Design）认为：“企业的视觉识别设计，就是把品牌触点应用设计的所有部分，通过一种有序、和谐的方式组织起来，如品牌名、标志、统一的字体使用规范、能够迅速使大众辨认的应用规范的网格系统以及一种或多种的品牌识别色的使用。”

很多设计师认为设计品牌视觉形象就是设计标志和标志的应用规范，其实不然。品牌视觉识别设计是统一传达品牌定位的框架载体，因此，品牌视觉形象包含了品牌体验、消费体验、服务体验等方面，涉及可以差异于其他竞品品牌的高度统一的视觉形象。

品牌形象识别设计是传播品牌形象非常直接的方式，可以用于表达其品牌核心的价值主张。品牌策略通过统一的品牌形象识别建立差异化的品牌认知，正是这种统一，有效避免了消费群体对品牌认知的混乱。统一体系化的传播极大地提升了传播效率。

（二）品牌设计策划

按照品牌的完整性，可以将品牌划分为品名品牌、品标品牌和完全品牌。品名品牌只有品牌名称而无品牌标志；品标品牌只有品牌标志而无品牌名称；完全品牌则是同时具有品牌名称和品牌标志的品牌。企业树立品牌一般都采用完全品牌，较少采用品名品牌和品标品牌，尤其是品标品牌。因为完全品牌形象丰满，更有利于品牌的传播，加深消费者对品牌的印象。例如，奔驰不仅因其品牌名称简洁而便于传播，也因其类似方向盘的三叉星的品牌标志而更易于加深记忆。因此，品牌除了要有好的名称外，还要有好的标志，名称与标志相互融合，并与产品相映生辉、相得益彰。而品牌设计则是使得品牌名称与品牌标志和谐统一、完美组合的基础（图5–1、图5–2）。

五、产品包装设计

（一）品牌商品包装设计的作用

包装是品牌身份的重要组成部分，对于快速消费品尤其如此。事实上，促使消费者作出购买决定的往往是商品的包装设计而未必是商品本身。在消费者没有接触过品牌商品的广告之前，品牌商品通过包装设计所传达出来的信息常常成为消费者唯一能将该品牌商品与其他品牌商品进行区别的依据。

一个成功的品牌商品包装设计专利（申请包装设计专利是为了防止其他品牌仿冒）的例子就是可口可乐瓶子的曲线形状设计。可口可乐公司花数年时间研究如何将塑料材料制作成曲线形状，最终设计出了这种特殊形状的瓶子，成为可口可乐与竞争者相区别的标志之一。插图品牌商品的包装首先是产品的容器，其最基本的功能当然

图5-1 “道味”品牌视觉识别（图片来源：站酷网）

不世功®兰州牛肉面
BUSHIGONG
匠心傳承 正宗味道
手工現揦
LANZHOU BEEF NOODLES
劲
不
世
功
直接采用品牌名作为识别符号，简洁直观，能够有效节约品牌宣传成本。
古为今用，结合传统书法，使得字体带有一点手写、拙的感觉能够更好的承载品牌的悠久历史和文化。
字体设计厚重、融合书法特征且具有餐饮感，进一步加深品牌记忆和品牌识别度，能够帮助品牌减少记忆难度，并且在特定的场景可以单独使用字体作为品牌标识。
LANZHOU
BEEF NOODLES
獨具風味
鲜
汤
面
SINCE 2022
手工現揦·鮮美爽口
LANZHOU BEEF NOODLES IS A COMMON NOODLE DISH AND A TRADITIONAL DISH IN LANZHOU
15元
鮮美爽口
價格親民
牛骨熬湯
獨具風味
獨具風味
手工現揦·鮮美爽口

图5-2

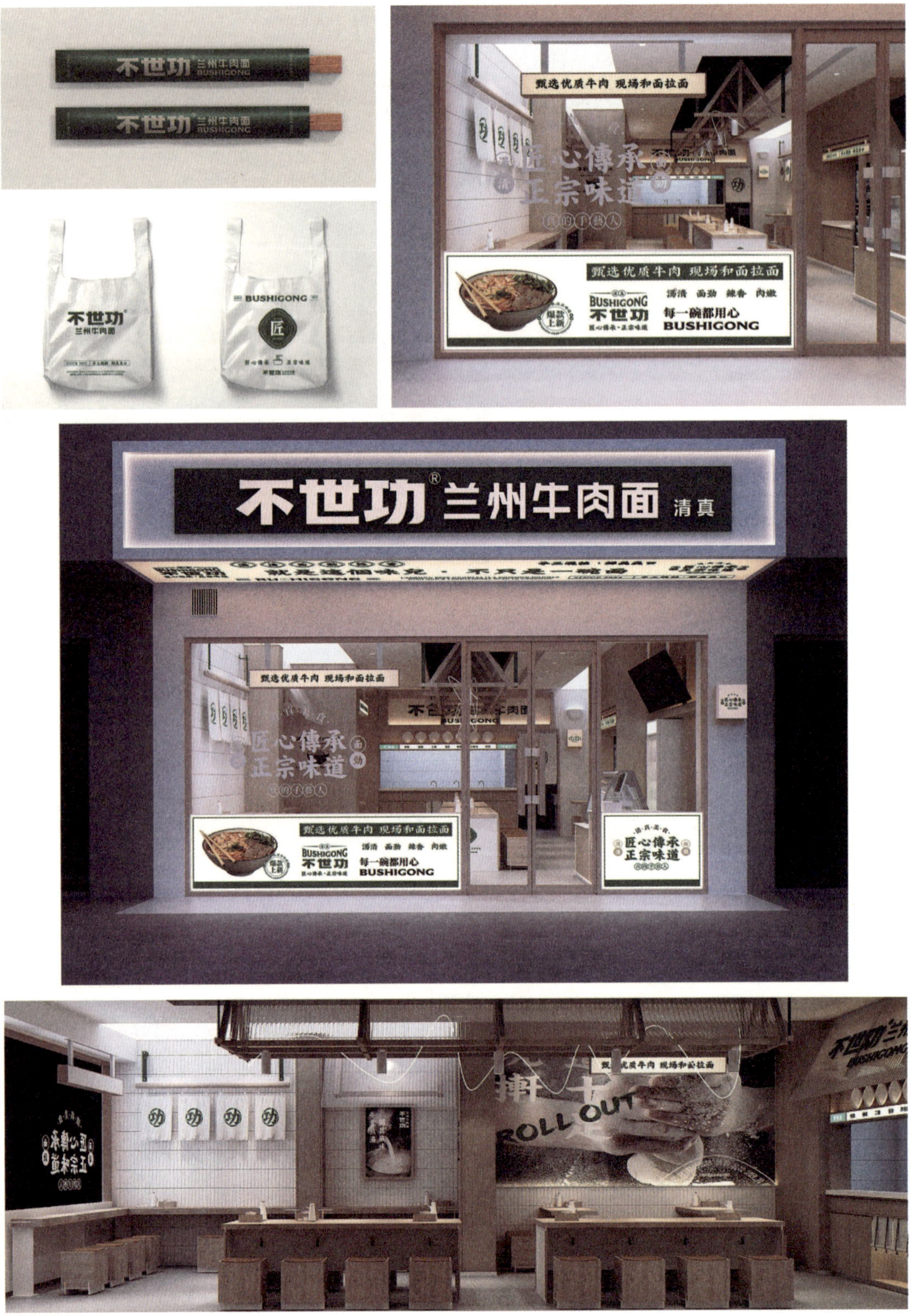

图5-2 “不世功”品牌视觉识别（图片来源：站酷网）

是容纳商品。随着市场竞争的加剧，商品包装的功能和作用必然会发生变化，即包装不仅仅是产品的容器，更是一种特殊的载体。企业通过这一特殊的载体向消费者传递关于品牌商品的信息，包括产品种类、品牌销售点以及品牌的信息。正是由于产品包装在功能和作用上的蜕变与拓展，包装设计才受到企业的高度重视。

（二）包装设计的基本策略

包装设计指选用合适的包装材料，运用巧妙的工艺手段，为包装商品设计容器结构造型和美化装饰。构成包装设计的主要有外形、构图和材料三大要素。

1. 外形要素

外形要素就是商品包装的外形，包括展示面的大小、尺寸和形状。日常生活中人们所见到的形态有三种，即自然形态、人造形态和偶发形态。在研究产品的形态构成时，必须找到一种适用于任何性质的形态，即把共同的、规律性的东西抽出来，称为抽象形态。我们知道，形态构成就是外形要素或形态要素，是以一定的方法、法则所构成的千变万化的形态。形态是由点、线、面、体这几种要素构成的。包装的形态主要有圆柱体类、长方体类、圆锥体类等各种形体以及有关形体的组合和因不同切割而成的各种形态。包装形态本身的新颖性对消费者的视觉引导起着十分重要的作用，奇特的视觉形态能给消费者留下深刻的印象。包装设计者必须熟悉形态要素本身的特性及特征，善于将此作为表现形式美的素材。在考虑包装设计的外形要素时，还必须从形式美法则的角去认识它，按照包装设计的形式美法则，结合产品自身功能特点，将各种因素有机、自然地结合起来，以求得完美、统一的设计形象。

2. 构图要素

构图是将商品包装展示面的商标、图形、色彩和文字等组合排列在一起，构成一个完整的画面。这四种要素的组合就构成了包装设计的整体效果。商标、图形、色彩和文字等运用得正确、适当、美观，就可称为优秀的设计作品。

（1）商标设计。

商标是一种符号，是企业、机构、商品和各项设施的象征形象。商标实际上就是品牌的标志，企业的品牌商品的标志经过注册受到法律保护之后，这种标志就称为商标。商标从表面上看属于工艺美术范畴，但它涉及政治、经济、文化、法律以及风俗等各个领域。商标的特点由它的功能、形式决定。它要将丰富的商品信息以简洁、概括的形式在相对较小的空间里表现出来，同时需要消费者在较短的时间内理解其内在含义。

商标一般可分为文字商标、图形商标以及文字与图形相结合的商标三种形式。一个成功的商标设计应该是创意与表现有机结合的产物。创意是根据设计要求，对某种理念进行综合、分析、归纳、概括，通过哲理的思考，化抽象为具象，将设计概念由抽象的评议表现逐步转化为具体的形象。

（2）图形设计。

商品包装设计的图形主要指商品的形象和其他辅助装饰形象等。图形作为设计的语言，就是要把形象的内在和外在的构成因素表现出来，以视觉形象的形式把信息传达给消费者。要达到此目的，图形设计的准确定位是非常关键的。定位的过程即熟悉产品的过程，包括产品的性质、商标的内涵、品名的含义及同类产品包装设计的风格等诸多因素都要加以熟悉和研究。图形设计就其表现形式而言可分为实物图形和装饰图形。

①实物图形。采用绘画手法、摄影写真等来表现。绘画是包装设计的主要表现形式，根据包装整体构思的需要绘制画面，为商品服务。与摄影写真相比，绘画具有取舍提炼和概括自由的特点。绘画直观性强，欣赏趣味浓，是传播、美化、推销商品的一种手段。然而，商品包装的商业性决定了设计应突出表现商品的真实形象，要给消费者直观的形象，因此用摄影图片来表现真实、直观的视觉形象是商品包装设计的最佳表现手法。

②装饰图形。分为具象和抽象两种表现手法。具象的人物、风景、动物或植物的纹样作为包装的象征性图形，可用来表现包装的内容物及属性。抽象的手法多用于写意，采用抽象的点、线、面的几何形纹样、色块或肌理效果构成画面，简练、醒目，具有形式感，也是商品包装设计的主要表现手法。通常具象与抽象表现手法在商品包装设计中并不是彼此孤立的而是可以相互融合的。

内容和形式的辩证统一是图形设计中的普遍规律。在设计过程中，根据图形内容的需要，选择相应的图形表现技法，使图形设计达到形式和内容的统一，创造出反映时代精神、民族风貌的实用、经济、美观、原创的设计作品，这是对所有包装设计者的基本要求。旺仔QQ糖食品的包装设计就比较成功。

（3）色彩设计。

色彩设计在包装设计中同样占据着重要的位置。色彩是美化和突出产品的重要因素。色彩的运用与整个画面的构思、构图紧密关联。包装色彩要求平面化、匀整化，它以人们的联想和色彩的习惯为依据。进行高度的夸张和变色是包装艺术的一种手段。包装的色彩还受到工艺、材料、用途和销售地区等的限制。

商品包装设计中的色彩设计一般应满足醒目、对比强烈、有较强的吸引力和竞争力等基本要求。例如，食品类商品的包装设计应使用鲜明、丰富的色调，以暖色为主，突出食品的新鲜、营养和美味；医药类商品的包装设计应使用单纯的冷暖色调；

化妆品类的商品包装设计应使用常用、柔和的中间色调；小五金、机械工具类等商品的包装设计应使用蓝、黑等沉重的色块，以表示坚实、精密和耐用的特点；儿童玩具类商品包装设计常常使用鲜艳夺目的纯色和冷暖对比强烈的各种色块，以符合儿童的心理和爱好；体育用品类商品则多采用鲜亮的色块，以增加活跃、运动的感觉。总之，不同的商品有不同的特点与属性。设计者要研究消费者的习惯和爱好以及国内外流行色的变化趋势，不断增强色彩的社会学和消费者心理学意识。

（4）文字设计。

文字是传达思想、交流感情和信息、表达某一主题内容的符号。商品包装上的牌号、品名、说明文字、广告文字以及生产厂家、公司或经销单位等反映包装的本质内容。设计包装时必须把这些文字作为包装整体设计的一部分统筹考虑。

商品包装设计中的文字设计的要点有：文字内容简明、真实、生动、易读、易记；字体设计应反映商品的特点、性质，有独特性，并具备良好的识别性和审美功能；文字的编排与包装的整体设计风格应和谐。

3. 材料要素

材料要素是指商品包装所用材料表面的纹理和质感，它们往往影响商品包装的视觉效果。不同材料可以使商品包装产生完全不同甚至是天壤之别的视觉效果。商品包装所使用的材料，无论是纸类材料、塑料材料、玻璃材料、金属材料、陶瓷材料、竹木材料还是其他复合材料，都有不同的质地肌理效果。运用不同的材料并妥善地加以组合配置，可给消费者以新奇、冰凉或豪华等不同的感觉。材料要素是包装设计的重要内容，它直接关系到包装的整体功能和经济成本、生产加工方式及包装废弃物的回收处理等多方面的问题。

（三）包装设计的基本方法

设计师在策划包装设计前就知道包装的美化依赖于包装的平面设计，是包装外在的视觉形象，可以加入商品相关文字、图片、产地及视觉形象等要素。有的包装面本身就是对商品信息的一个形象表现，作为包装的六个基本面之一，它又是局部的形象表现。容器标贴的设计不仅注重标贴设计，还要关心标贴与容器的形状、标贴之间的关系。所以说，包装视觉导入的设计在某些方面和广告设计有些相似，但它还要注意其他的方方面面，使整个包装形成一个整体。

1. 展示面的设计

如果商品使用纸盒包装，那么这个纸盒包装就有6个面，设计人员通常需要设计

5个面（底面设计程度相对很低）。一个商品的包装容器一般有1~3个标贴，最多可达五六个，它们也不是被同等对待。根据展示面积的不同，为了吸引消费者的视线，设计人员可以决定主要展面设计。主要展面是最常面对消费者的，内容包括商标名、商品形象生产厂家等。由于主要展面的面积相对较小，同时本身就是商品形象，要能迅速把商品展示给消费者，因此，常常采用文字和特写形象的手法直接表现。在同类商品中首先进入消费者视线的主要展面应该有醒目的品牌名和商标。是否使用其他辅助的换面或景象，则要根据商品的实际情况而定。有时可采用开天窗的方法，直接展示商品的形象，增强传播效果。在包装设计中，主要展面起着传达商品信息的主导作用。

潘虎设计实验室致力于为企业塑造品牌及产品包装。服务的客户包括蒙牛、宝洁、华润、中粮等，相应上市的作品获得了包括德国红点奖、iF设计奖、美国工业设计优秀奖（IDEA）、Pentawards、One Show等在内的一百多项国内外设计奖项。

2. 包装整体设计

包装的主要展面并不是孤立的，从包装的整体角度而言，它只是一个重要的局部。包装是立体物，人们看到的包装是多角度的，在考虑主要展面的同时，也要考虑它与非主要展面的相互关系。通过文字、图形与色彩之间连贯、重复、呼应和分割等手法，形成整体构图。

就纸盒包装来说，它的正面和反面一般可以构成主要展面，如果侧面的宽度与主要展面相等，也可以采用相同设计，成为完全一样的“主要展面”，使消费者不管从什么角度看都会得到该商品的包装设计风格统一的感受。在大多数的商品包装设计中，常常以正反面为主，侧面展现商品的成分、功能、重量使用说明、保存期限、各主管部门的批号等说明性文字。在形式要素和构成方式上，各不同的展示面既要有联系，又要有区别，以产生节奏性的变化，并体现科学和质量保证。将形象、文字、图形和色彩跨面排列，把几个面连为一个主体、一个大的“主要用面”，同时，每个面的画面也是完整的。这种设计用于商店的陈列，利用不同面的组合，形成一个大的营销画面，达到强烈的视觉效果及宣传作用。标贴的色彩设计既要考虑与容器的关系，又要考虑标贴之间的关系，还要考虑与顶盖的关系。设计人员在设计过程中，应该注意标贴底色与容器色彩的协调性，突出品牌名称。在女性化妆品白色的容器上，配上白色的标贴、精致的线条边框、典雅的黑色字体，显得洁净高雅；黑色的白兰地酒瓶，配上黑色的标贴，标贴底色运用金、银、白、黑和其他比较饱和的色彩，与容器构成明度及色相的对比，产生强烈、活泼的效果。直接把名称、商标印在容器上，也是一种方式。容器的标贴一般分为身标、胸标、腹标、颈标、肩标、顶标和盖马标等。一件容器上贴1~3个。标贴的形状多种多样，身标、胸标、腹标有扁形的、椭圆形的、长方形的，有根据容器形态决定的形状，也有围绕容器贴一圈的。标贴选用的多少、形状和大小与容器的形状有很大关系。容器主要标贴一般指身标、胸标、腹标，三者按设计需要采用。有的容器还用顶标，与瓶盖形成呼应。也有的容器(主要指酒瓶)加上装饰肩标和颈标。还有的把顶标、颈标、肩标连为一体，没有胸标、腹标，形成主要标贴，形式多样。

在商品的包装设计上，整体设计的概念已经被越来越多的设计人员采用，主要体现在商品的外包装和容器的协调关系上。比如，在商品的外包装和瓶贴上采用基本相同的设计，只是构图有少许变动，两者在色调上形成对比，在品牌名称等字体上又相互呼应在商品的外包装上也可以出现容器的形象，容器标贴上又可以重复外包装的部分设计。总而言之，包装设计要围绕一个主题思想，从整体入手，从大处着眼。

（四）品牌包装设计步骤

1. 调查研究

包装设计人员在开始创意设计之前，应该尽可能全面深入地了解品牌商品的相关信息，包括品牌产品的行业特征、产品基本属性、品牌定位、品牌文化、同行品牌商品的包装情况及其商场展示效果比较、竞争对手的包装特点、目标消费者的审美偏好及其对竞争对手包装设计的看法、其他国家同类产品的包装特色(材料、色彩)等。总之，对上述信息调查得越全面、研究得越深入，对包装设计工作的顺利开展就越利。

2. 诉求点分析

品牌商品的诉求点一般都是在商品的物质属性(品质、功能、价格等)和精神属性(价值观、审美品位、个性等)中选择其一。对品牌商品的诉求点进行分析并不是说一定要对诉求内容进行质疑甚至修改，而是要对诉求点做深刻的认识和理解，尽可能围绕诉求点进行包装设计，使整个包装设计的风格能够充分表现品牌商品诉求点所传达的功能性或精神性的内涵。

3. 构思与设计

构思就是设计人员根据在调查研究阶段所积累的相关信息进行个人或小组成员之间的头脑碰撞(对过去的经验进行分解和重新组合)，进行创造性的形象思维活动。其具有几个特点：第一，目的性。包装设计属于典型的商业设计范畴，商业设计与艺术设计或纯艺创作之间的最大区别就是其具有非常明显的商业目的性，也就是说包装设计始终根据品牌商品的市场营销目标进行思考，这种目的性在总体上规范了包装设计的创作过程。第二，转换性。就是创作人员从逻辑思维转换到形象思维，或者是将概念的抽象思维转换到具象事物的形象思维。这需要创意人员能够以丰富的想象力及时转换思维方式，善于捕捉、发现、连接生活中各种看似风马牛不相及的事物间的关系，使包装设计达到出众的传播效果。第三，形象性。从事包装设计尤其是包装造型设计的人员要善于运用形象思维方式进行创作，在创作中，他们脑海里出现的往往是生活中各种各样事物的形象，通过对这些事物形象的解构、裂变、拼贴、重组，创作出优秀的受消费者欢迎的包装设计作品。

4. 建模或确定效果图

建模是指包装设计人员将包装造型设计方案物化为与实际效果大体一致的包装模型。在具体的实施过程中，可以选择2~3个较为理想的设计草图按1：1的比例做成实物模型，模型可用纸张、黏土、石膏、塑料等材料制作。由于石膏比其他材料的造型效果要好一些，且雕刻更简便，成本又较低，因此，许多包装设计公司更习惯使用石膏作为包装设计的建模材料。

现在，设计人员利用计算机设计软件与制图技术在电脑上就可以将产品的造型设计以三维虚拟模型的方式直观形象地展示出来，极大地提高了包装造型设计的创作效率。

由于包装装潢设计主要是以平面设计的方式来完成，这种设计比起造型设计相对容易一些，也不需要建模。不过，电脑上的设计效果与实际打印或印刷效果往往有较大差别，尤其是纸张不同所导致的色彩与电脑上的色彩有较大的差别，因此，对于包装装潢设计的效果图进行确定一定要慎重，在印刷样稿上做最后的确定更有把握一些。

• 课后习题

以本章案例“西贝莜面村”策划案为基础，形成一份新的品牌视觉识别策划方案。

第六章 品牌触点设计

教学目标

本章主要介绍知名品牌案例，掌握品牌在各营销传播领域的识别特征，通过案例分析掌握产品品牌识别、互联网产品识别、广告传播识别、空间识别、企业办公识别。通过本章的学习，学生能够掌握品牌触点的基本概念，了解品牌识别分析与设计。

教学重点

1.掌握品牌触点的概念。

2.掌握产品品牌识别及空间识别。

推荐阅读

[1]华杉，华与华商学院.华与华文库之设计的目的[M].上海：上海文艺出版社，2021.

[2]钟伟.品牌营销策划与管理[M].北京：科学出版社，2009.

[3]卫军英.整合营销传播理论与实务[M].北京：首都经济贸易大学出版社，2009.

教学训练

学生通过实地调研消费者和上网查询相关资料，选取某一知名品牌进行品牌识别分析，并思考如何正确认识品牌触点的概念；品牌触点与消费者存在哪些关系；最终对学生的学习情况进行评估、评审实践作业，进一步提高学生的设计水平和综合素质。

案例 蜜雪冰城

“你爱我，我爱你，蜜雪冰城甜蜜蜜……”要说2021年中国最火爆的营销事件，应该就是这首蜜雪冰城的洗脑神曲了。从超级符号“雪王”到品牌歌曲，再到营销活动，超级符号与文化母体四部曲理论直接指导着蜜雪冰城项目的品牌建设与管理工作。

采用超级符号思维，为蜜雪冰城创意设计的雪王：以雪人为原型，戴一顶皇冠显示行业地位，手拿冰激凌权杖代表行业属性。看似简单的设计，却实现了识别、记忆、购买和传诵的目的。

商品即信息，包装即媒体。元媒体，对于消费品来说，是包装；对于蜜雪冰城来说，是店面，包括店招、店面和店内。

除了门店，还有与消费者的每一个接触点，都是媒体。雪王被应用在奶茶杯、封口膜、店员服装、周边礼品、产品包装、传播物料等所有元媒体上，实现全面媒体化。所有的设计都是具象的、可言说的。因为只有这些用口语都能描述出来的符号，才能被转述，能被转述才能发挥出另一个元媒体——人的传播功能，形成流行趋势。

在冰激凌音乐节，雪王成为舞台的中心，而且组成了乐队。更关键的是连音乐节的标志都启用了唱歌雪王，真正让雪王的形象深入人心。

蜜雪冰城分别在抖音、哔哩哔哩网站上传了主题曲MV，两周时间这首主题曲MV在哔哩哔哩收获了1100W+的播放量、58W+的点赞量，以蜜雪冰城为关键词排名前20的热门视频累计播放量超6000万。仅“蜜雪冰城主题曲”话题在抖音便实现了12亿+的播放量，在微博则5次登上热搜榜。

品牌一定要形成自己的营销日历，并且要年年做，给品牌形成固定的营销节拍和主题，重复积累，把营销活动也做成品牌资产。蜜雪冰城固化了三大营销活动：520、福袋节、雪王杯创意大赛。

一、品牌触点概述

（一）品牌触点的作用

品牌触点（brand touchpoints）是品牌与消费群体接触产生互动的任何场景，它促使品牌和目标消费群体产生某种联系。品牌触点是消费群体对产品、服务的体验，对网站、应用程序、实体店环境、营销等任何形式的品牌沟通的接触端口。

当消费者接触到这些品牌触点时，会对品牌产生记忆和印象，通过这些触点感知的积累，从而形成完整的品牌认知。因为消费者每天都会看到成百上千种产品与营销，所以建立品牌可以帮助消费者在繁杂凌乱的产品和服务中做出选择。

因此，在信息爆炸的时代，正因为传达到消费者的品牌感知是多样的、繁杂的，品牌的服务、包装、标志、营销、口碑、体验、社交网络等任何消费者可能接触到的地方都需要一个完整、全面的系统设计去准确如一地传达品牌个性、品牌价值；而混乱、缺乏系统性的品牌形象传播效率低下、认知度低，因为形象缺乏差异化且定位传达不准确的品牌是不能锁住目标用户群体的。

优秀的品牌形象通过品牌触点，突破了产品与消费者之间的沟通屏障。日本品牌设计鬼才佐藤可士和曾说“传达信息于一瞥之间”。在生活节奏很快的现在，通过互联网媒体、社交网络、营销媒介等各种渠道传播，消费者接触到品牌可能就是一瞬间，品牌要通过概括、凝练的视觉语言快速地把复杂的品牌认知准确地传达到消费者心智当中。

佐藤可士和提出的一个全新的设计方法论“视觉标志，塑造品牌（ICONICB-RANDING）”是实现产品、服务抵达用户心智的不二法门。它是将标识、产品、空间等一切事物都视为“视觉标志”，借助“语言外之语言”的力量突破沟通的屏障。

许多成功品牌在其品牌触点中即使没有标志的情况下，也可以轻易地被消费者辨认出，如苹果手机的工业外形、路易威登（LV）女包的花纹、可口可乐的红色瓶身等，它们的产品、包装都具备了强烈的识别特性。这些感知不仅是标志，而且是贯穿到整个与消费群体接触的品牌触点中展开的设计。这些品牌的成功在于它们的品牌形象建设是系统性的，在品牌触点的各个层面、维度、媒介都保持了与品牌个性、价值传达的高度统一。

（二）品牌触点的三大体验阶段

品牌传播的首要目的是让目标消费群体形成品牌的认知、理解品牌的价值，从而影响消费者的消费决策。

品牌触点根据品牌体验的时间顺序划分为预购体验、消费体验、售后体验三大阶段。三大阶段几乎涵盖了品牌视觉识别系统的所有应用部分。

1. 预购体验阶段

这是消费者最先接触到品牌信息的地方，比如各种线上、线下的媒体营销、网络搜索、社交网络、电商平台活动、来自亲朋好友的口碑推荐、品牌对需求群体的传播影响力等。

品牌为进行高效推广，就必须考虑如何创造与消费群体沟通的机会。预购体验阶段的价值就在于此，即针对定位消费群体进行营销投放，传播品牌认知。比如不同区域的地铁、公共交通的广告投放，向商务区、商店街、美食街、商业综合体等地段的人群投放广告，在电视、网络端针对不同题材的节目对应的观众人群靶向投放广告等。在预购体验传播阶段，这些触点与消费者沟通、互动的质量决定了消费者对品牌认知度的提升程度。

2. 消费体验阶段

消费决策过程在消费体验阶段更为直接，在预购体验阶段，消费者进行的是发现需求或者对需求产品的信息评估行为。消费体验的接触点是产品与消费者接触的第一现场，它帮助消费者从考虑消费转化为实际行动，因此，在消费体验阶段，触点能否传达差异化定位、打动消费者的价值利益认同直接关系到品牌产品的最终销售。

不同的品牌，根据其渠道和商业模式的差异，在消费体验阶段最重要的触点是完全不同的。比如以实体店销售为主体的品牌就涉及货架、产品包装呈现、销售人员的服务模式、橱窗空间的展示、实际销售环境空间设计、店内行走流程中的产品摆放引导等，这与以线上店铺销售为主体的品牌不尽相同。后者的整个消费体验完全平面化地通过视觉设计呈现店铺首页，首屏横幅（banner）相当于实体店的橱窗，用来放置主推产品和销售活动信息，然后下面的产品罗列顺序犹如实体店的产品布置，而产品的详情页就如同一个销售人员讲述产品信息和提供产品咨询，好的详情页犹如优秀的销售人员，循序渐进地说服顾客进行购买。但线上、线下殊途同归，都是对消费体验的把控，都需要统一、高效地传播品牌。

现在，品牌不再局限于传统渠道的服务模式，它们与消费者通过互联网平台、社交网络、网站、应用程序（App）就可以实现更快捷的信息交互。如针对女性购物的平台唯品会，其主要产品就是通过手机应用提供的，即通过设计其软件内的触点来传递品牌定位与产品服务。从品牌触点层面来讲，其中有首页的视觉风格定位、模块设置、交互体验、品牌调性的贯穿等。这些都是唯品会的品牌消费体验阶段的主要核心触点。对于很多互联网企业来说，消费者即用户，流量决定曝光度，用户就是潜在的消费群体。因此，这个阶段对其行业来说也可被称为用户体验阶段。

消费体验阶段通过触点沟通直接影响消费者的购买决策，并帮助消费者建立对产品的信赖感，从而最大限度地提高消费者的品牌价值认知（图6-1）。

图6-1 “快手”App消费体验阶段

3. 售后体验阶段

售后体验阶段的品牌触点是消费者在消费行为完成后的后续产品、服务体验。这是培养品牌与客户长期关系的阶段，购买后的产品体验、售后服务体验都可以产生口碑、实现品牌认知的升级，使客户成为有品牌黏性的、持续性的忠诚消费者。

企业还可以通过吸收会员、折扣通知、新品推介或者建立品牌粉丝社区等方式加强与消费群体的沟通。如小米社区，小米科技初创时就是通过粉丝社区这个触点的专注培养，完成了令人出乎意料的价值创造。小米一开始只有一个安卓ROM产品MIUI，它通过在粉丝社区论坛发布，让“米粉”加入产品完善的过程。“参与感”不像一些品牌那样只是喊口号，MIUI的开发人员会持续进行频繁的迭代升级，不断地把用户的优秀建议纳入新的版本中，这样就产生了非常积极的与用户互动的方式——“把用户当朋友”，让用户参与到产品开发中，成为品牌的朋友乃至一员。从2010年第一版MIUI发布的100个用户，到 2011年小米手机发布，MIUI已经拥有了50万名资深用户。

真正让品牌形象形成消费群体认知的正是众多的品牌触点，因此，在品牌触点中要努力将价值、定位配合品牌视觉识别呈现出来，将差异化定位通过品牌触点传递给消费群体，快速建立广泛而值得信赖的品牌形象。

二、品牌详情页触点设计

（一）产品品牌识别

以实体产品为销售核心的品牌，包装起到了至关重要的作用，它是品牌形象延伸重要的触点之一，它传达了产品和品牌的调性，将品牌形象通过包装的形式、造型、色彩、图形、文字内容等呈现出来。

在进行品牌包装设计的时候需要根据其实际产品战略去划分。

一种是强调其品牌的标签性质，也就是以整体品牌性为主导，那就需要非常高度统一的包装去强调其品牌标签，如宜家、无印良品；另一种则是不同产品系列之间定位群体不同，需要通过包装明确突出其差异，如农夫山泉的各种系列产品。这两种品牌一致性的范围是不同的，前者是全面强调的统一品牌感，后者则更强调系列产品之间的差异。

1. 货架思维

现在产品销售主流的终端可以用线下、线上来区分。线下设计更强调要具有货架思维，货架思维指的是以产品能从竞争环境中脱颖而出为出发点的产品策略思维。在同类型产品中其差异性定位究竟能传递几分，这与消费者最终决策息息相关。

首先是实现明确的视觉上的辨识度，如从色彩、图形、包装材质、包装形式上去吸引消费者的注意，只有引发消费者兴趣，才能有机会让其进一步查看包装上的信息。因此要以货架思维去调查市场，并研究竞争对手的产品策略，直面货架上的视觉竞争环境。这个时候包装就成了一位优秀的销售员，上面的信息需要简明扼要地通过视觉和文字信息表达出让自己被选择的理由。

其次是通过产品包装设计扩大产品质量感知上的差异。再好的产品价值都需要先引起消费者的兴趣，才能创造机会让其进一步认知产品、体验产品。

2. 版式信息层级

设计师在设计包装的时候很容易将关注点放在图形、色彩上，而忽视文字信息传达的条理性。人们在产生兴趣后首先就是通过阅读了解该产品的特点，这时不同信息的层次序列和字型使用就尤为关键。因此必须做到信息清晰、易读、能够传递品牌气质，并且简洁而逻辑顺序明确、主次分明。

3. 包装材料和印刷工艺研究

要实现产品包装的差异化，最为直接的方式之一就是找到符合其品牌调性的包装材料，可以根据其设计品牌的特性量身定制材料和印刷工艺。将这两者运用恰当不仅可以为包装设计制造出出人意料的视觉感受，更可以让产品定位传递更加有力。因此，成熟的品牌设计师都对不同材料的运用了如指掌。

（二）互联网产品识别

如今产品已经不再局限于传统渠道的产品与服务，越来越多依托互联网提供产品与服务的品牌应运而生，如购物平台、社交网络、新闻资讯、共享单车、打车软件、视听音乐等。我们的生活已经完全离不开依托于互联网的产品和服务，它们提供了优秀的便利性与整合能力。

这些核心产品、服务是依托互联网的品牌，首要的触点即是它们的产品软件本身。以手机应用软件为例，如何在其中的交互界面中植入品牌的识别，从而产生差异化品牌个性是品牌设计师优先考虑的问题。

整个交互界面中能快速体现品牌的就是其用户界面风格与icon，在其中植入品牌基因，让品牌识别延伸到交互层面，主要方法是提取品牌标志的特性、贯彻品牌色及统一延伸品牌调性风格。

要在不影响交互流畅性的前提下，将品牌基因植入用户界面中，让其客户端界面呈现出差异于同类产品的独有的品牌视觉调性。如果品牌的产品是提供种类繁多的内容平台，那么在品牌植入的时候就要注意不能过度影响到产品交互中的视觉层次、干扰到内容主体的呈现。最好的方式就是设计品牌标志或辅助图形的时候，制造拥有成为内容框架载体的形状特性，天猫的猫脸轮廓的塑造就是非常成功的案例。

韩国购物平台11街的设计也非常出彩，品牌形象与产品搜索框融为一体，标志中与数字“1”连接的横线可以容纳搜索图标、关键字等内容。

在界面的交互组件中也需要考虑融入品牌风格的基因，通过一种统一的设计语言去贯彻，这种思路就如同“Material Design”（谷歌推出的设计语言，旨在为手机、平板电脑、台式机和“其他平台”提供更一致、更广泛的“外观和感觉”），给产品用户传递一致而明确的品牌视觉体验。

（三）广告传播识别

广告是通过传播媒体广泛地向公众传递商业信息的宣传手段，其核心一般是围绕品牌的产品/服务的使用价值或者品牌认知传播展开的。广告通过各种媒体传播，包括报纸、杂志、电视、互联网(如社交媒体、门户网站、资讯网站、购物平台)、户外广告、公交系统广告等。

商业广告是增强品牌产品与服务消费的有效手段，并且能够使品牌在消费者的心智中建立一定认知。很多广告可能很精彩、吸引眼球，但看完以后你就忘了，因为它没有与你建立起任何联系。

营销创意激发了人的兴趣点，从而引发关注，但吸引关注的目的是创造机会，让观众了解到品牌价值信息，从而建立起认知联系。

现在我们回归到品牌设计流程上。品牌设计师在这个阶段的目标是建立一套品牌视觉识别规范手册。其中对于品牌营销，为了确保投放后使用的一致性，就要对各种类型营销的品牌视觉进行规范，其中包括网格版式规范、标志放置规范、文字字体使用规范等。营销海报的标题文字很多时候会根据实际情况进行字形设计，因此不必限制得过于死板，主要目的是保持传播过程中品牌的统一性。

在平面营销投放中都会设计对应的角标规范，角标的垫底样式是根据品牌视觉风格进行延伸的，并且要搭配设计放置文字信息的专用垫底方案。如天猫使用的样式是根据子品牌不同的特性进行设计的，整体统一，又展现出不同品类的属性。垫底样式通过其风格去呈现品牌视觉的差异性。

在过去，营销传播一般很难针对到特定的人，因为渠道比较单一，只能通过人流量、收视率、投放率等数量来衡量传播级别。如今人们的资讯获取渠道已经大有不同，营销投放也开始变得更加精准、高效，大数据让同一个投放页面中的区块都会根据用户的不同形成“千人千面”的广告。

比如你在购物平台曾经有过购买和搜索产品的记录，大数据就会根据你的年龄层次及喜好进行相应的广告推荐。当你通过视频网站观看电影、电视剧、综艺节目的时候，网站也会根据视频类型针对的群体进行相应的广告投放。在互联网时代，不仅资讯获取可以定制，广告投放也更能靶向投放到目标用户群体，大大增加其传播效率。

（四）企业办公识别

企业办公识别是企业商务交流、会议、业务联系中常用的办公用品中的品牌识别设计，常见的有名片、信封、信纸、便签、文件夹、电子邮件签名、PPT 模板等，这些均要进行统一的品牌规范化设计。这些不仅能够传递品牌、联络信息，也能够建立起正式商务的形式感。

这里主要提及名片设计。名片是品牌识别设计中最难设计的，需要很强的版式设计功底；如果名片设计可以轻松应对，那其他就都可以触类旁通。

名片中有很多信息，如品牌标志、名称、职务、企业名、地址、联系电话、邮箱地址，甚至是微信二维码等。在商务会晤中，习惯性地递上名片是一种表达尊敬的传达个人基本信息的社交礼仪。名片除了要考虑如何统一延伸品牌标志及辅助图形外，重要的是信息的表达要清晰。

首先，名片信息要注意划分明确的视觉层级，通过字号和字重进行区分，并且结合距离大小进行信息分组。名片正文字号中文一般不小于7pt，英文不小于 5.5pt，因为再小的话辨识度就会很低，也难以印刷清晰。要注意的是，不管是字号还是字重，都不宜超过三种，不然整体会显得琐碎混乱。其次要标注清楚具体版式使用规范并制作模板，因为一般企业有几十人至上千人不等，如果没有合理的规范，名片制作起来就会难以统一。设计师对于印刷工艺和纸张材质都要有基本的了解，以选择符合品牌调性的工艺材质去印刷名片。

（五）其他识别

1. 制服识别

对于一些品牌来说，制服识别会与消费者频繁接触，因此是其传播企业品牌形象、体现品牌专业信赖的重要组成部分。根据品牌的行业属性不同，制服识别大致可分类为销售型、工作型、外勤型、企业型。

顺丰快递员的制服令人印象深刻，统一的制服让人在很远的距离就可以判断出是顺丰，识别度高且醒目。制服让消费者的品牌体验变得流畅快捷，优秀的品牌制服不仅给客户带来了良好的感官与识别体验，也使企业职员、工作人员有归属感。

2. 交通载具识别

对于一些涉及公共交通、物流、运输的品牌，交通载具的品牌识别就显得尤为重要。其种类涉及大到飞机、火车，小到货运汽车、轿车，这些在道路上频繁流通的交通工具成了传播品牌的流动广告。交通载具的特点是移动快速，上面绘制的视觉内容相对消费者的观察距离较远，因此设计时要抓住这两个特点：一是内容主体要大，并且主次要分明；二是品牌标识要鲜明突出，辅助图形和视觉风格延伸不宜琐碎复杂。

3. 公共关系识别

公共关系识别涉及企业与商务合作客户、消费群体之间关系的相关设计，主要是公共事务用品（如产品画册、企业年报、礼品袋、会议背景及各类物料），以及企业官方网站、企业社交账号（如微博企业号、微信公众号等）的品牌识别设计。

• 课后习题

通过实地调研消费者和上网查询相关资料，选取一知名品牌进行品牌触点分析。

参考文献

[1] 菲利普·科特勒，凯文·莱恩·凯勒，卢泰宏. 营销管理（原书第13版）[M]. 卢泰宏，高辉，译. 北京：中国人民大学出版社，2009.

[2] 凯文·莱恩·凯勒. 战略品牌管理[M]. 3版. 北京：中国人民大学出版社，2009.

[3] 里克·莱兹伯斯，巴斯·齐斯特，格特·库茨特拉. 品牌管理[M]. 北京：机械工业出版社，2004.

[4] 贝恩特·施密特，亚历克斯·西蒙森. 视觉与感受——营销美学[M]. 上海：上海交通大学出版社，1999.

[5] 让·波德里亚. 消费社会[M]. 南京：南京大学出版社，2006.

[6] 保罗·梅萨里. 视觉说服——形象在广告中的作用[M]. 北京：新华出版社，2004.

[7] 汤姆·邓肯. 整合营销传播——利用广告和促销建树品牌[M]. 北京：中国财政经济出版社，2004.

[8] 见莫兰·亨特. 搜索引擎营销——网站流量大提速[M]. 北京：电子工业出版社，2009.

[9]《广告学概论》编写组. 广告学概论[M]. 北京：高等教育出版社，2018.

[10] 程宇宁. 品牌策划与推广[M]. 2版. 北京：中国人民大学出版社，2020.

[11] 孟韬，毕克贵. 营销策划：方法、技巧与文案[M]. 4版. 北京：机械工业出版社，2021.

[12] 阳翼. 数字营销[M]. 北京：中国人民大学出版社，2015.

[13] 徐适. 品牌设计法则[M]. 北京：人民邮电出版社，2019.

[14] 华杉，华与华商学院. 华与华文库之设计的目的[M]. 上海：上海文艺出版社，2021.

[15] 吴健安，郭国庆，钟育赣. 市场营销学[M]. 北京：高等教育出版社，2000.

[16] 甘碧群. 宏观市场营销研究[M]. 武汉：武汉大学出版社，1994.

[17] 符国群. 消费者行为学[M]. 北京：高等教育出版社，2001.

[18] 郭国庆. 市场营销学[M]. 3版. 北京：中国人民大学出版社，2018.

[19] 黄合水，陈素白. 广告调研技巧[M]. 5版. 厦门：厦门大学出版社，2016.

[20] 何佳讯. 品牌形象策划——透视品牌经营[M]. 上海：复旦大学出版社，2000.

[21] 钟伟. 品牌营销策划与管理[M]. 北京：科学出版社，2009.

[22] 卫军英. 整合营销传播理论与实务[M]. 北京：首都经济贸易大学出版社，2009.
[23] 丁俊杰，董立津. 品牌——企业核心价值的开发[M]. 北京：中国工商出版社，济出版社，2005.
[24] 肖阳. 品牌传播策划实验——策略、流程与工具运用[M]. 北京：经济科学出版社，2008.
[25] 张卫东. 网络营销理论与实践[M]. 北京：电子工业出版社，2013.

附录

I'M TOO BRITTLE
I GOT CUT AGAIN
我太脆了
又被切了
某品牌
纯切薯片
营销策划案
9月
CHIPS
纯切薯片
薯香原味

内容摘要

年轻人的世界，
喜欢新奇事物，不爱被束缚，坚强任性，但同时也有一颗玻璃心，
面对生活中的一些事情，也会有脆弱的时候，但是又不会表现自己的软弱，
会用一些吐槽梗来表达自己的态度和内心。
我们的主题引用王者荣耀游戏梗“我太脆了，又被切了”与年轻人产生共鸣。

日常生活中总是和休闲零食离不开的，
比如在玩游戏、在野餐、在看电视剧、在朋友聚会等
放松的状态下和朋友一起吐槽、聊梗，
袒露内心的世界。

被切的不只是土豆，还有生活的槽点

活动造势

“我太脆了，又被切了”在抖音平台投放广告，出新款切土豆滤镜

活动升温

与相声俱乐部一起热梗互动炒作

活动高潮

“怎么又被切了，好想有个皮肤”和王者荣耀一起推出集卡片，赢皮肤

活动稳定

“我太脆了，又被前任纯切掉了”和失恋博物馆合作，线下展开活动

活动保温

“下一个被切的是你吗？”在商超里设置真人娃娃机活动

01 →

市场环境分析

Market environment analysis

行业分析
Industry analysis

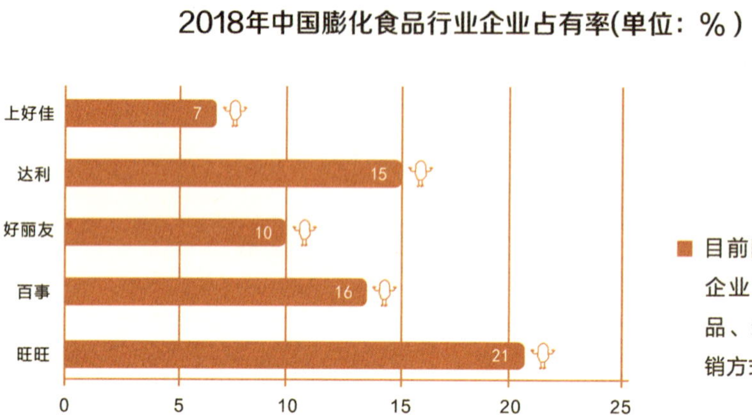

数据来源：前瞻产业研究院

■ 目前国内膨化食品龙头企业以不断地推出新产品、新口味，创新的营销方式来占领市场份额。

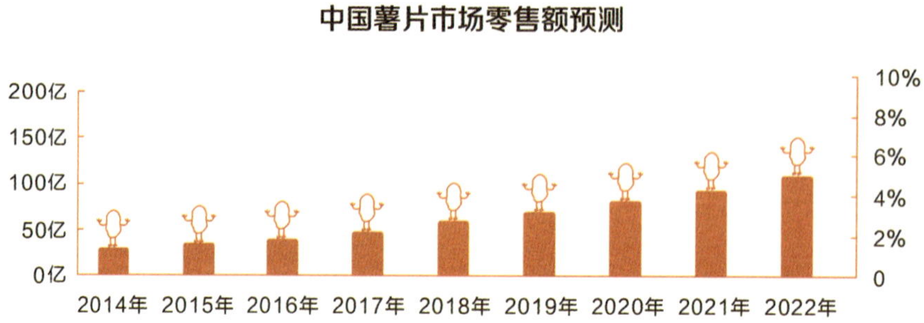

数据来源：弗若斯特沙利文

■ 从上图来看，薯片的市场份额呈现逐年上升趋势，说明人们对于薯片的钟爱范围越来越广，且日常生活中薯片成了不可或缺的零食伴侣。

• 小结 •

调查数据显示，薯片市场的规模逐年增长，市场发展潜力大。但市场竞争激烈，知名的薯片品牌多，产品同质性较高。所以，在营销策略方面需要加深可比克薯片的个性化与差异化，加强消费者对可比克“纯切”薯片的记忆点。

产品分析
Product analysis

企业背景

某品牌薯片是某集团休闲膨化食品的主品牌

产品特点

纯切：以“原薯鲜切技术”的独特工艺，对新鲜马铃薯进行直接切片
更薄：创新技术，经过“原薯鲜切技术”直接切片，片片够薄
更香：优选原料，严选马铃薯品种，在种植基地种植，马铃薯薯香浓郁诱人
更脆：片片薄脆，咔滋一身，慢慢香脆，快乐美味

产品口味

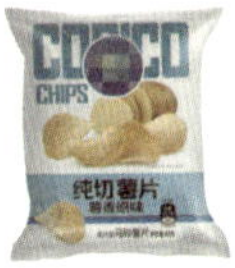
薯香原味

田园番茄味

滋香烧烤味

爽口青瓜味

麻辣小龙虾味

产品价格

30g：2.9元

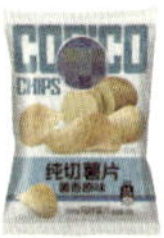
70g：5.6元

150g：7.8元

• 小结 •

本品牌“纯切”薯片的产品优势在于占有了“纯切” 薯片的市场。消费者对于“纯切”薯片的选择性小，再加上本品牌本身品牌影响力较大，消费者想要尝试的可能性大。但要在众多的薯片中脱颖而出，需要在目标消费者心里树立其“纯切” 薯片的品牌形象，提高其知名度。

消费者分析

Consumer analysis

目标消费群体

学生群体与年轻工作者一族(12~28岁)

群体特征

消费者的消费特点

喜欢好看、亮丽、时尚、个性的包装

较追求商品实用主义与情感诉求

消费者的消费动机

消费者分析
Consumer analysis

购买薯片产品首先考虑的因素

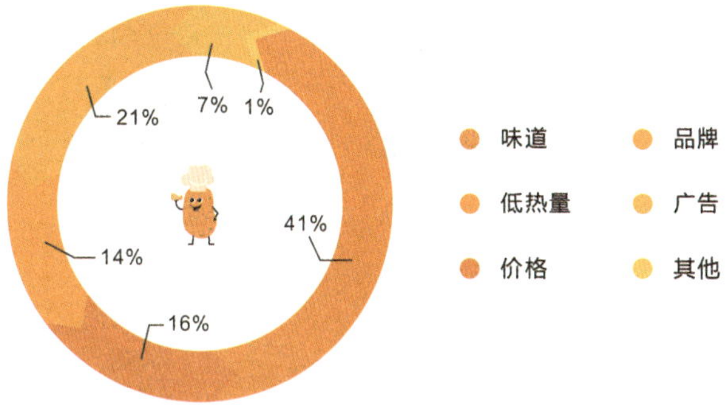

■ 由图体现出消费者在追求味道和品牌效应的同时，也越来越重视个人的健康管理。

平时吃薯片的频率调查（单位：%）

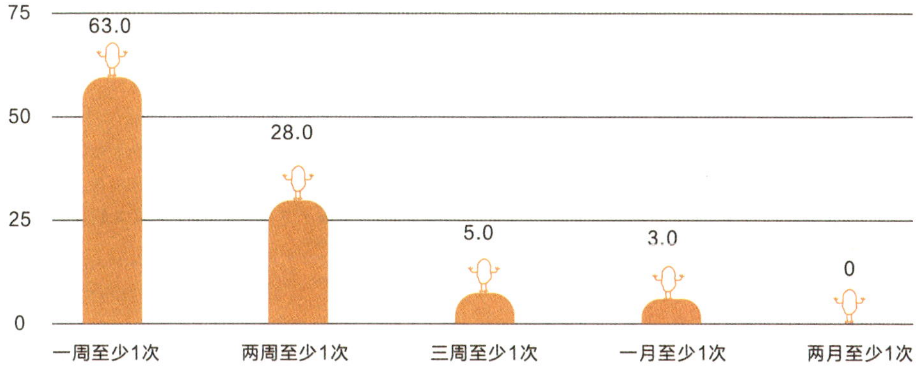

数据来源：观研网

■ 由上图看出，大多数的人吃薯片的频率较高，薯片成为人们日常生活中不可缺少的零食品类。

• 小结 •

综上所述，本品牌薯片的主要目标人群为学生群体与年轻工作者一族，以女性为主；通过了解目标消费群体，寻找品牌与消费者的共鸣点，增加与消费者的互动性，从而增强品牌与消费者之间的黏性；根据目标消费群体的消费特征可以得出：在营销策划方面本品牌可利用明星效应提升品牌宣传度，推动粉丝经济效应。

竞争分析

Competitive analysis

品牌包装	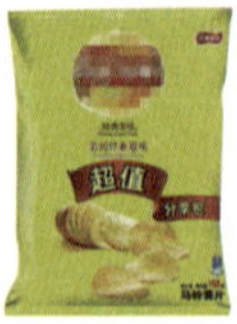		
薯片口味	清新清爽薯片 经典美味薯片 激情浓情薯片系列 ……	韩国泡菜味 多汁牛排味 加勒比烤翅味 蜂蜜黄油味 ……	番茄味 田园味 披萨味 鸡汁味 ……
价格	40g：3.9元 75g：6.5元 135g：13.8元	45g：3.5元 75g：6元 125g：9.2元	50g：4.9元 80g：7.8元
优势	具有良好的品牌效应， 拥有众多口味独特的产品， 外观时尚美观	口味众多，包装艳丽； 价格实惠，方便携带； 定义新颖，具有个性	市场占有率较高， 企业拥有先进的 技术力量和投资优势
劣势	产品量少，价格较贵	广告覆盖面窄， 没有明星代言	没有鲜明的品牌特征

• 小结 •

以上三款薯片作为知名度较高的薯片品牌，对本品牌的发展造成威胁，但在宣传力度上不强，品牌特征不够鲜明。在价格上，几种品牌薯片没有明显差异。因此，本品牌薯片应该利用本身“鲜切”的概念和更薄、更脆、更香等优势，来提高辨识度，在营销上加大宣传力度，提高自身知名度。

SWOT分析
SWOT analysis

S 优势：

- 消费者认知度和对品牌忠诚度高
- 代言人知名度高
- 价格较低，性价比较高
- 品牌形象好，产品质量稳定
- 专有特色，口感较好，包装精美，热量低

W 劣势：

- 市场竞争对手太多
- 产品过于单一
- 消费者形成一定的消费习惯
- 在产品质量、售后服务上有所缺失

O 机会：

- 生活水平提高，休闲食品需求量大
- 市场潜力大，提升空间大
- 年轻人对品牌的认知意识在增强
- 新产品的推出

T 威胁：

- 消费者缺乏耐性，品牌忠诚度降低
- 年轻的消费者跟着感觉走，非理性购买
- 产品同质性较高
- 薯片被潜意识认为是垃圾食品

• 小结 •

综合SWOT分析结果，本品牌在实行品牌差异化营销、提高市场占有率的同时，要增强消费者对于本品牌“纯切”薯片的新型认知，刷新以往的明星代言效应，使其更加忠实于“纯切”薯片的口感。

02 →

营销策略提案

Marketing strategy proposal

主题推导
Thematic derivation

切入点

本品牌“纯切”薯片以纯切工艺为主打，结合当代年轻人率性、自我、爱玩游戏的特征和王者荣耀的常用语，用更让年轻人接受的方式让他们了解本品牌“纯切”薯片。

活动排期
Activity schedule

利用抖音的火热程度与大范围受众，在抖音里发布本品牌的专属道具，并发起“我太脆了，又被切了”活动，增加年轻人与本品牌的互动，建立起年轻人对本品牌“纯切”薯片的印象。

第一阶段
2020年9~10月

第二阶段
2020年9月15日～10月20日

通过热门相声演员与年轻群体互动的影响力，传达本品牌纯切脆的主题梗，提高本品牌“纯切”薯片的知名度与话题度

借助手游的知名度，与其合作，进一步加深“我太脆了，又被切了”在目标消费者心中的印象，提高本品牌“纯切”薯片的影响力。

第三阶段
2020年10月11日～11月20日

第四阶段
2020年10月15日～10月30日

与失恋博物馆合作，以“我太脆了，又被前任纯切掉了”为主题作展览，用诙谐自嘲的方式传达主题，贴近年轻群体，让消费者对于本品牌“纯切”薯片产生新的认知。

利用商超大型人流，借助真人娃娃机活动宣传本品牌“纯切”薯片纯切的特点，增进消费者的认知，发掘更多的潜在消费者。

第五阶段
2020年11月1日～12月1日

营销策划

Marketing planning

活动一：我太脆了，又被切了

- 活动时间

2020年9~10月

- 活动方式

线上平台发布

- 活动目的

利用抖音的火热程度与大范围受众，增加年轻人与可比克的互动，建立起年轻人对本品牌“纯切”薯片的印象。

- 活动内容

第一阶段：在抖音App上投放线上开屏广告，吸引消费者的关注。

第二阶段：在抖音App上发布本品牌“纯切”薯片的专属道具，并发起“我太脆了，又被切了”活动，邀请更多的人拍摄发布。

活动方式：抖音搜索“我太脆了，又被切了”进入活动页面，利用本品牌专属道具创作拍摄，发布视频时文案带话题#我太脆了，又被切了#即可参与活动，每条优质内容可获得本品牌礼品一份。

活动二：与相声俱乐部一起热梗互动炒作

- 活动时间

2020年9月15日~10月20日

- 活动方式

线上、线下结合

- 活动目的

通过热门相声演员与年轻群体互动的影响，传达本品牌纯切脆的主题梗，提高本品牌“纯切”薯片的知名度与话题度。

- 活动内容

从2020年8月开始，与相声俱乐部合作，安排4~5场演出，相声中植入“我太脆了，又被纯切掉了”“我太脆了，怎么被切掉了”等一系列主题热梗，并录制发布在网络平台（抖音、微博、哔哩哔哩）上，增加吸粉量以及产品曝光度。

营销策划
Marketing planning

活动现场图

营销策划
Marketing planning

活动三：怎么又被切了，好想有个皮肤

- 活动时间

2020年10月1日~11月20日

- 活动方式

线上、线下结合

- 活动目的

借助手游的知名度，提高本品牌“纯切”薯片的影响力。

- 活动内容

在手游App宣传页面发布与本品牌“纯切”薯片的活动信息：购买本品牌“纯切”薯片，通过扫描包装袋内的二维码，集齐“×××纯切薯片”七张卡片，兑换专属本品牌与手游联名限定皮肤。

活动页面

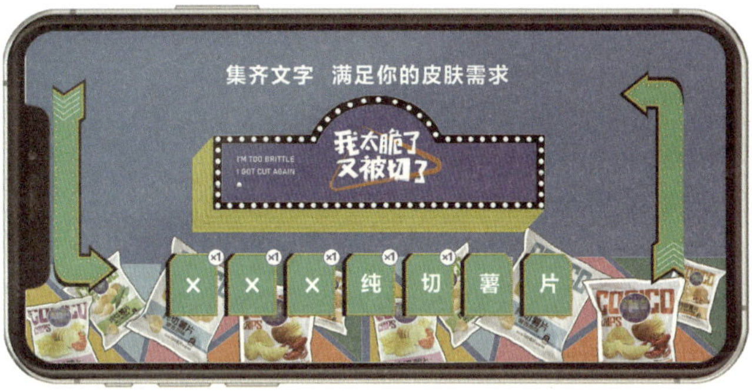

主题海报设计

营销策划
Marketing planning

王者荣耀皮肤页面

商场宣传

营销策划
Marketing planning

活动四：我太脆了，又被前任纯切掉了

- 活动时间

2020年10月15日~10月30日

- 活动方式

线上、线下结合

- 活动目的

通过失恋博物馆诙谐自嘲的方式传达主，贴近年轻群体，让消费者对于本品牌“纯切”薯片产生新的认知。

- 活动内容

阶段一：线上微信宣传失恋博物馆“我太脆了，又被前任纯切掉了”主题活动展。
阶段二：现场以“我太脆了，又被前任纯切掉”为主题作展览，并线下招募捐赠失恋物品和失恋故事，优选出故事和物品进行展示。借此活动，以诙谐自嘲的方式传达主题，提高本品牌“纯切”薯片品牌知名度和影响力。

微信公众号宣传

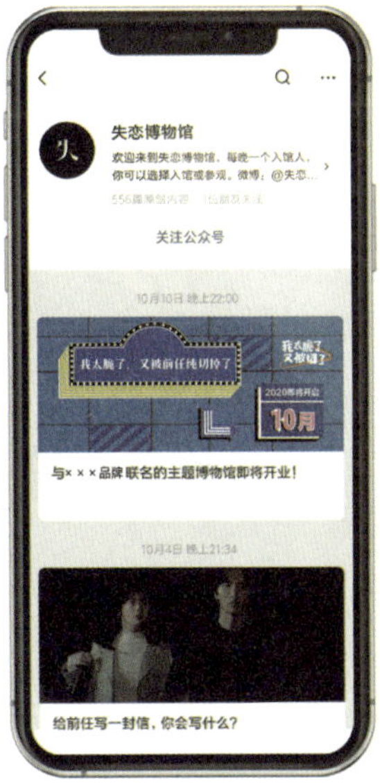

入场券

营销策划

Marketing planning

体验店门头

活动现场图

营销策划

Marketing planning

活动五：下一个被切的是你吗？

- 活动时间

2020年11月1日~12月1日

- 活动方式

线上、线下结合

- 活动目的

利用商超大型人流，借助真人娃娃机活动宣传本品牌“纯切”薯片纯切的特点，增进消费者的认知，发掘更多的潜在消费者。

- 活动内容

在商场设置大型真人娃娃机，奖池里面放置大型海绵块和小型娃娃，以及少数本品牌特殊卡片。玩家被吊起来在区域内寻找特殊卡片，-定时间内未能找到卡片者，在一定高度将绳子切断。找到卡片的玩家获得本品牌“纯切”薯片大礼包。

活动现场图

营销策划
Marketing planning

活动展牌设计

03 →

创意设计提案

Creative design proposal

主题海报设计
Theme poster design

场景应用
Scene application

场景应用
Scene application

主题字体设计

Theme font activity

主题字体

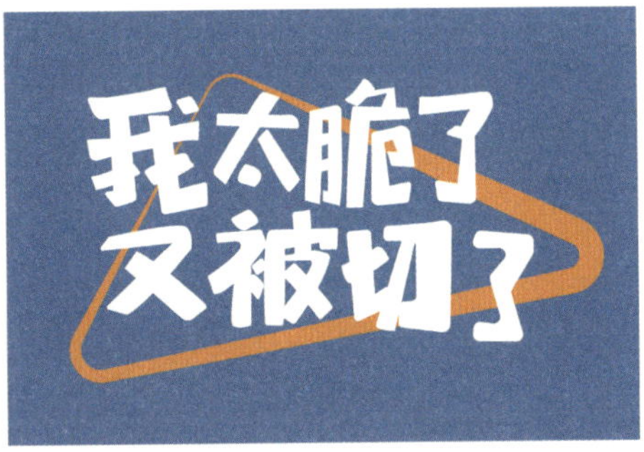

- 字形设计

字形本身是不拘束的感觉，整体有膨化食品包装袋的特点，也用比较自由、随性的笔画。整体偏圆滑也有活泼可爱感，能表现主题字的特点，符合休闲特性。

- 颜色设计

蓝色有洁净、理智的含义，在主题上运用蓝色，一方面对应“我太脆了，又被切了”的语境氛围，另一方面也是本品牌Logo的蓝色，体现有效率的企业形象。褐橙色有快乐、娱乐、吸引力的内涵，也有薯片本身给人的颜色信息，代表薯片休闲的感觉。白色有纯洁、包含的意思，在主题上运用白色，有对这个主题语境的包容，也有本品牌本身快乐的包容。

- 字体含义

字体整体圆润饱满、活泼、有动态感，能体现出快乐、诙谐、休闲、不拘束的感觉，整体风格与主题呼应。

04→

媒介投放提案

Media placement
proposal

媒介分析

Media analysis

媒介策略

- 媒介对象

青少年和年轻工作一族（12~28岁）。

- 媒介接触情况

社交平台、视频平台、户外媒体等多范围多媒介接触方式。

- 媒介组合

户外媒介与网络媒介相结合，线上使用微信、微博、抖音、哔哩哔哩等一些用户众多、热点传播快、深受年轻人喜欢的App进行投放，并配合线上、线下营销，进一步扩大品牌影响力。

媒介策略

- 让更多人了解到本品牌“纯切”薯片，提高品牌知名度。
- 通过线上、线下的活动方式，加强品牌与消费者的互动。
- 提高本品牌的产品销量，培养消费者的品牌忠诚度。
- 向消费者传递吃本品牌薯片是一种快乐的生活方式的理念。

投放媒介

- 网络媒介

- 传统媒介

公交站广告、地铁广告。

05→

广告预算

Advertising budget

广告预算
Advertising budget

活动	媒介	投放时间	预算（万元）
市场调查			1
我太脆了，又被切了	抖音开屏	一星期	10
	抖音道具	一个月	8
与相声俱乐部一起热梗互动炒作	抖音	35日	1
	哔哩哔哩	35日	3
	微博互动	35日	1
	炒热梗	35日	50
怎么又被切了好想有个皮肤	王者荣耀	35日	300
	线下广告投放	35日	50
我太脆了，又被前任纯切掉了	微信	半个月	1
	失恋博物馆展览	半个月	30
	场地布置	一个月	10
总计			465

06 →

调查问卷

Questionnaire

本品牌“纯切”薯片调查问卷

您好，感谢您抽出宝贵的时间参与我们的调查问卷，此次的调查问卷仅供课题调研之用，不做其他用途，敬请放心作答，感谢您的支持与合作。

1.您的性别是?

A.男　B.女

2.您的年龄是?

A.18岁以下　B.18~25岁　C.26~30岁　D.30岁以上

3.您通常购买什么价位的零食?

A.5元以下　B.5~10元　C.10~20元　D.20元以上

4.您吃薯片的频率是?

A.一周一次　B.想吃就吃　C.基本不吃　D.一周几次

5.您喜欢吃薯片吗?

A.从来不吃薯片　B.喜欢吃，特别是看电影、聚会等场合

C.超级喜欢吃　D.一般般，可吃可不吃

6.您是如何知道本品牌纯切系列这一品牌的?

A.电视广告　B.网络　C.超市促销　D.朋友介绍

7.您对本品牌“纯切”薯片的了解和购买频率如何?

A.买过，在选择集合内，是首选　B.买过，在选择集合内，但不是首选

C.买过，但不在选择集合内　D.没有买过，在选择集合内，但不是首选品牌

8.您选择本品牌“纯切”薯片的主要因素?

A.品牌知名度高　B.明星代言　C.价格便宜　D.味道好　E.广告宣传多

9.您最喜欢哪个口味的本品牌“纯切”薯片?

A.薯香原味　B.田园番茄味　C.滋香烧烤味　D.爽口青瓜味　E.麻辣小龙虾味

10.本品牌“纯切”薯片给您的感觉是?

A.清新的　B.个性的　C.年轻的　D.值得信赖的　E.其他

11.您觉得本品牌“纯切”薯片的价位合理吗?

A.偏高　B.中等　C.偏低

12.您认为本品牌“纯切”薯片应该在哪方面做出改进?

A.推出新的广告　B.产品包装　C.促销活动　D.研发更多口味　E.价格更加合理

13.您对本品牌“纯切”薯片的态度?

A.喜欢并购买　B.愿意尝试　C.一般无感

I'M TOO BRITTLE
I GOT CUT AGAIN